河南省高等学校哲学社会科学优秀著作资助项目

城市人地异速生长的地域分异及高质量协调研究

张永芳　著

·郑州·

图书在版编目(CIP)数据

城市人地异速生长的地域分异及高质量协调研究 / 张永芳著. --郑州：河南大学出版社, 2021.12
ISBN 978-7-5649-4944-0

Ⅰ. ①城… Ⅱ. ①张… Ⅲ. ①城市人口-关系-城市土地-协调发展-研究-中国 Ⅳ. ①C924.24 ②F299.232.2

中国版本图书馆 CIP 数据核字(2021)第 260585 号

城市人地异速生长的地域分异及高质量协调研究
CHENGSHI RENDI YISU SHENGZHANG DE DIYU FENYI JI GAOZHILIANG XIETIAO YANJIU

策划统筹	杨国安　湛洪波
责任编辑	张雪彩
责任校对	林方丽
封面设计	陈盛杰

出　版	河南大学出版社
	地址：郑州市郑东新区商务外环中华大厦2401号　邮编：450046
	电话：0371-86059715(高等教育与职业教育分公司)　网址：hupress.henu.edu.cn
	0371-86059701(营销部)
排　版	郑州市今日文教印制有限公司
印　刷	广东虎彩云印刷有限公司
版　次	2021年12月第1版	印　次	2021年12月第1次印刷
开　本	710 mm×1010 mm　1/16	印　张	11.5
字　数	194千字	定　价	35.00元

(本书如有印装质量问题,请与河南大学出版社营销部联系调换。)

前　言

近十几年来,中国完成西方国家大半世纪走过的城市化发展道路,城市化水平显著提高。"驱赶型"城市化背景下,大量农民被迫丢失土地,涌入城市,大面积"贫民窟"在城市周边形成。农村青壮年劳动力持续入城务工,且无回流现象,致使农村经济社会急剧衰败,农村聚落"空心化"矛盾日益突出;中国城市化的超速发展引致大量人口在短时间内快速涌入城市,城市社会资源承载力受到巨大挑战,直接导致人挤与堵车、资源短缺与环境恶化、"城中村"等一系列问题一并产生。人口、资源、环境之间的矛盾日显突出。有限资源能否可以持续利用以及人地关系是否可协调发展,将直接影响到社会经济能否健康持续发展。

本书在文献回顾基础上,将异速生长理论与城市人地协调发展关系的研究相结合,首先通过分析城市人口和土地的异速生长关系的区域差异,以及时空演变规律、地域分异特征,总结归纳出不同区域人地异速生长的一般性规律和差异化特点。然后结合空间探索性数据分析方法,对三大都市圈的人地协调发展现状及异速生长系数空间关联性进行研究,并进一步利用面板数据回归分析方法,从显著性和贡献度两个方面分析影响异速生长系数的主要因素和空间分异原因,及对"人"与"地"影响的制度作用机理。在城市人口流动的基础上,进一步从动态角度分析城市竞争力背景下,城市人口迁移对城市人地异速生长关系的作用机理。最后提出发达地区、赶超地区、后进地区的城市人地协调发展的实现路径。

本书综合运用文献研究、理论分析及实证分析的方法从以下几个方面展开深入研究：①系统地阐述异速生长问题的起源及基本概念，对容易引起混淆的概念进行界定、辨析。分析了异速生长关系的生物学根源，及异速生长模型在城市领域的引入。推导出城市人地异速生长关系的数学函数及城市人地异速生长方程曲线。对城市人地异速生长关系进行类型划分，并给出评价标准。对城市人地异速生长系数变动机理进行剖析，并绘制城市人地异速生长的理论框架图。②在理论分析框架的基础上，从宏观角度具体描述了全国宏观异速生长系数的时空变化及东部、中部、西部和东北地区四大板块异速生长系数的时空变化特征。首先，对全国城市人地异速生长关系的总体变化情况进行分析，阐明全国人地异速生长的基本变化趋势和全国人地异速生长指标走势现状。其次，在对全国城市人地异速生长关系总体变化趋势分析的基础上，对东部、中部、西部及东北地区人地异速生长系数进行分解并对其走势进行分析，最后，结合全国及四大板块的异速生长现状，分析中国城市人地异速生长所面临的现实困境。③在对异速生长系数时空演化特征分析的基础上，从微观局域视角分析三大都市圈之间的异速生长关系的空间影响及空间外部性，对长三角都市圈、珠三角都市圈、京津冀都市圈的异速生长关系的人地协调性和空间关联性进行微观视角分析。④采用经济计量分析方法，对我国人地异速生长系数的影响因素及各个因素的贡献度进行实证分析，通过实证分别得出行政区位和土地市场化率是影响人地异速生长关系的主要因素，并对"人"与"地"影响的制度作用机理做进一步解析。⑤在城市人口流动的基础上，从动态角度分析城市竞争力背景下，城市人口迁移对城市人地异速生长关系的作用机理。深入剖析人口迁移对城市人地关系的现实影响及中国城市人口流动的空间地域特征、流动地域类型。最后对人口迁移条件下城市人地异速生长的效率进行 DEA 实证分析。⑥根据前面研究结论，提出经济发达地区、经济赶超地区、经济后进地区的城市人地协调发展的实现路径，并对研究做出展望。

通过对以上内容的论证，本书得出如下结论：①2006—2016 年期间，对全国和东、中、西及东北四大板块分年度进行人地关系异速生长系数测度，发现全国及四大板块范围内异速生长系数均大于临界值 0.85，处于正异速生长阶段。表明从全国宏观尺度看,土地相对增长速度快于人口相对增长速度。②正异速三级土地显著扩张城市和正异速二级土地明显扩张城市主要集中在胡焕庸线以东地区,异速生长空间分布差异性显著。中国正异速生长城市共有238个,正异速生长城市人口占总人口的73%,正异速生长城市建成区面积占总建成区面积的81.06%。正异速三级土地显著扩张型城市共有78个,人口占总人口的19.44%,建成区面积占总建成区面积的25.33%,在空间上主要分布在中国东部沿海地区。正异速二级土地明显扩张型城市共有140个,人口占总人口的46.18%,建成区面积占总建成区面积的48.41%,正异速二级土地明显扩张型城市是正异速生长城市的主要组成部分。正异速二级城市空间上主要分布在中国中部及西部部分地区。③各地级市异速生长系数的空间自相关性较强,空间集聚现象较为明显,"高-高"集聚和"低-低"集聚态势显著。通过对三大都市圈人口土地异速生长关系的空间分布特征进行分析,发现我国主要都市圈的异速生长呈现集聚的空间分布特征。长三角都市圈异速生长系数空间相关关系为正,其中土地显著扩张型城市和人口明显扩张型城市集聚现象明显。珠三角都市圈异速生长系数空间相关关系为正,其中土地显著扩张型城市和土地明显扩张型城市集聚现象明显,其他人地关系类型城市分布较为分散。京津冀都市圈异速生长系数空间相关关系为负,异速生长系数高的地区和异速生长系数低的地区集聚明显,以北京为中心的周边城市明显具有该特征。④在影响城市人地异速生长系数的基本因素中,城市行政区位和城市土地市场化率是两大首要因素,这表明城市人地异速生长不协调性与城市行政区位及土地市场化相互助力。在一定程度上,行政区位直接作用于人地关系,并左右着土地市场化进程。通过影响因素的显著性分析,得出土地市场化率及行政区位是目前影响城市异速生长系数的主要力量。

本书的边际贡献是,在研究方法上,结合ESDA分析方法,从空间相互作用角度对研究区域的异速生长系数及空间溢出效应进行分析,打破从时间角度对异速生长系数进行分析的局限。在研究内容上,首先,发现城市行政区位和土地市场化率是影响异速生长系数变化的两大首要因素,在一定程度上,行政区位直接作用于人地关系,并左右着土地市场化进程;其次,将异速生长系数临界值的确定与人地协调关系相结合,在异速生长系数临界值划定的基础上,结合人地协调发展模型,进一步将异速生长关系划分为六类,并给出了人地异速关系的协调分类标准。

本书围绕城市人地异速生长关系的地域分异特征展开研究,得到了一些创新性结论,但未来研究中有待于进一步将人地异速协调发展与产业优化升级结合,提出区域产业的结构优化方向,以促进人地协调持续健康发展。

目 录

1 导论 …………………………………………………………………（ 1 ）
　1.1 问题的提出 ……………………………………………………（ 1 ）
　　1.1.1 研究背景 …………………………………………………（ 1 ）
　　1.1.2 研究意义 …………………………………………………（ 4 ）
　1.2 文献综述 ………………………………………………………（ 6 ）
　　1.2.1 国外对城市分形与人地异速生长关系的研究 …………（ 7 ）
　　1.2.2 国内对城市分形与人地异速生长关系的研究 …………（ 9 ）
　　1.2.3 简短的评述 ………………………………………………（ 12 ）
　1.3 研究目标、研究框架与研究方法 ……………………………（ 13 ）
　　1.3.1 研究目标 …………………………………………………（ 13 ）
　　1.3.2 技术路线和研究框架 ……………………………………（ 14 ）
　　1.3.3 研究方法 …………………………………………………（ 15 ）
　1.4 论文结构安排 …………………………………………………（ 16 ）
　1.5 本书的创新点 …………………………………………………（ 18 ）

2 城市人地异速生长关系地域分异的理论框架 ……………………（ 19 ）
　2.1 从异速生长概念到城市人地异速生长 ………………………（ 19 ）
　　2.1.1 城市人地关系异速生长问题溯源 ………………………（ 19 ）
　　2.1.2 异速生长模型在城市领域的引入 ………………………（ 21 ）
　　2.1.3 城市人地异速生长的本质 ………………………………（ 22 ）
　2.2 城市人口-土地异速生长的一般模型 …………………………（ 24 ）

  2.2.1 城市人地关系异速生长的数学函数 ……………………（24）
  2.2.2 城市人地异速生长方程曲线 ………………………（25）
 2.3 城市人地异速生长的评价标准与生长类型 ………………（26）
  2.3.1 城市人地异速生长系数的评价标准与生长类型 ………（26）
  2.3.2 城市人地异速生长系数变动机理 …………………（28）
 2.4 城市人地异速生长地域分异的分析架构 …………………（30）
 2.5 本章小结 ……………………………………………………（32）

3 人地异速生长关系的宏观地域差异及其现实困境 ……………（34）

 3.1 全国城市人地异速生长关系的总体变化情况 ……………（34）
  3.1.1 数据来源及处理 ……………………………………（34）
  3.1.2 全国人地异速生长基本变化趋势 …………………（36）
  3.1.3 全国人地异速生长指标分解 ………………………（38）
 3.2 人地异速生长关系的地域差异与时空变化 ………………（40）
  3.2.1 东部地区 ……………………………………………（40）
  3.2.2 中部地区 ……………………………………………（44）
  3.2.3 西部地区 ……………………………………………（48）
  3.2.4 东北地区 ……………………………………………（52）
 3.3 城市人地异速生长面临的现实困境 ………………………（56）
  3.3.1 中国城市化过程中"化地不化人"现象 ………………（56）
  3.3.2 城市土地行政化配置现象 …………………………（58）
 3.4 本章小结 ……………………………………………………（59）

4 人地异速生长的空间局域差异及空间关联性 …………………（62）

 4.1 研究方法 ……………………………………………………（63）
  4.1.1 空间权重矩阵 ………………………………………（63）
  4.1.2 空间自相关分析 ……………………………………（64）
 4.2 城市人地异速生长关系的协调性及空间关联性 …………（66）
  4.2.1 城市人地异速生长协调性的空间分析 ……………（66）
  4.2.2 城市人地异速生长系数的空间关联性 ……………（68）
 4.3 大都市圈视角下人地异速关系的空间协调性 ……………（70）
  4.3.1 长三角都市圈 ………………………………………（71）

    4.3.2 珠三角都市圈 …………………………………………………（76）
    4.3.3 京津冀都市圈 …………………………………………………（79）
  4.4 城市人地异速生长地域分异的基本特征 …………………………（83）
    4.4.1 异速生长系数与城市规模大小呈现明显反向变化关系 …（83）
    4.4.2 行政区位特殊的城市多存在较低的异速生长系数 ………（84）
    4.4.3 中国城市异速生长系数呈现显著的空间集聚现象 ………（85）
  4.5 本章小结 ……………………………………………………………（86）
5 城市人地异速生长地域分异影响因素及制度作用机理 ………………（88）
  5.1 模型构建 ……………………………………………………………（88）
  5.2 变量选取与数据来源 ………………………………………………（89）
    5.2.1 变量选取 ………………………………………………………（89）
    5.2.2 数据来源 ………………………………………………………（92）
  5.3 实证结果与分析 ……………………………………………………（93）
    5.3.1 行政区位变量对人地异速生长的影响 ………………………（94）
    5.3.2 土地市场化率变量对人地异速生长的影响 …………………（96）
    5.3.3 人力资本积累能力对人地异速生长的影响 …………………（97）
    5.3.4 自然资源禀赋变量对人地异速生长的影响 …………………（98）
    5.3.5 基础设施变量对人地异速生长的影响 ………………………（99）
    5.3.6 初步的研究发现 ………………………………………………（100）
  5.4 人地异速生长系数影响因素的贡献度分析 ………………………（102）
    5.4.1 方法的选取及结果 ……………………………………………（102）
    5.4.2 影响因素贡献度分析 …………………………………………（103）
  5.5 "人"与"地"影响的制度作用机理 ………………………………（106）
  5.6 本章小结 ……………………………………………………………（109）
6 城市竞争、人口迁移与城市人地异速生长 ……………………………（111）
  6.1 城市竞争力背景下人地关系的动态变化 …………………………（111）
    6.1.1 城市竞争力与城际人口迁移 …………………………………（111）
    6.1.2 城市竞争力与城市人地关系 …………………………………（112）
    6.1.3 城市竞争力评价 ………………………………………………（114）
  6.2 人口迁移对城市人口-土地增长的现实影响 ……………………（118）

6.2.1　2010—2016年中国城市人口流动变化特征 ……………（118）
　　6.2.2　人口迁移对人口-土地增长的现实影响 ……………（122）
　6.3　人口迁移条件下城市人地异速生长的效率分析 ………（123）
　　6.3.1　方法与数据 …………………………………………（123）
　　6.3.2　实证结果与分析 ……………………………………（125）
　6.4　本章小结 …………………………………………………（136）
7　研究结论、政策取向与研究展望 ………………………………（139）
　7.1　研究结论 …………………………………………………（139）
　7.2　政策取向 …………………………………………………（143）
　　7.2.1　发达地区的政策取向 ………………………………（143）
　　7.2.2　赶超地区的政策取向 ………………………………（145）
　　7.2.3　后进地区的政策取向 ………………………………（147）
　7.3　研究展望 …………………………………………………（150）
附　录 ………………………………………………………………（151）
参考文献 ……………………………………………………………（157）
后　记 ………………………………………………………………（170）

1 导 论

1.1 问题的提出

1.1.1 研究背景

近十几年中国完成西方国家大半世纪走过的城市化发展道路,城市化水平显著提高,2018 年,中国城市化率达到 59.58%,中国已经进入城市化发展的关键阶段,但在城市化发展的道路上中国也经历着现代"城市病"的阵痛,经受日益严重的城市问题的困扰。

在城市化不断加速与工业化不断提高双加速背景下,需要新增大量建设用地,用于满足快速城市化背景下人口的逐渐增加需求。依靠长期通过无节制占用耕地以满足城市新增建设用地的需求,在土地资源总量一定以及人均耕地资源匮乏的前提下是极不可行的。

城市周边耕地的被占用是新增城市建设用地的主要手段,这种"摊大饼"式的发展模式,使得我国耕地安全面临严峻考验。土地资源和人口之间的矛盾日益突出,资源稀缺与需求无限矛盾日益突出,资源是否可以合理利用将关系到社会是否可持续发展。城市发展中的人口与土地的矛盾与挑战,目前主要表现在以下几方面。

第一,"驱赶型"城市化遗留后患。

城市经济集聚吸引大量人口流入城市,城市人口增加驱动城市土地扩张,反过来,更多农业人口又会在城市用地扩张背景下转为城市人口。"驱赶型"城市化是由政府主导、由政府推动的造城运动。其特征是城市面积的急速扩张,与此同时,农村对村民产生强大推力,大量农业人口被"驱赶"到城市,并向城市集聚。同时,大量农民在涌入城市过程中,便形成以来源地为集聚地的"城中村"现象。大量农民丢失土地,在城市的外围与周边形成贫民窟,这种现象在西方国家早期的城市化进程中也曾出现。

农民虽被"驱赶"进入城市,但没有享有和城市人平等的工作与生活机会。在城乡户籍分割以及社会福利制度和就业制度存在差异的背景下,农民在城市中很难获得稳定的工作以及足够的购房资金。在付出更多"赞助费"和"择校费"后,他们的子女才能在城市获得同样的教育权利。虽然以上生存条件和城市居民相比,有失公允,但随着城市和农村经济差距的进一步拉大,与"有保障的农村居住者"相比,农村居民更愿在城市做"无保障的城市化居住者"。"驱赶型"城市化问题进一步凸显,特别是在少数经济发达的大城市中。

第二,"农村聚落空心化"矛盾日益突显。

在"驱赶型"城市化背景下,大量农村青壮年劳动力持续快速流入城市务工经商,导致农村经济社会急剧衰败,农村聚落逐步出现空心化现象,这在中国的河南、山东、浙江、江苏等省份屡见不鲜。农村空心化在城市化过程中的出现并不偶然,西方大部分国家都曾经历过农村人口向城市转移从而导致部分村庄逐渐衰退这一过程,欧美将此现象称为"农村衰落",也称为"乡村过疏化"。在工业化加速背景下,城市发展虽取得显著成效,农村却没有同样的发展速度。这是由于高度集中计划体制下的城市化形成的制度结构隔离了城市和农村两大空间。

在加快城市化集聚效应的同时,城市过度集聚了农村大量资源,包括人力、物力和财力资源。在城市就业结构转变拉动力和农业经济结构转变推动力共同作用下,农村资源大量流入城市,这些资源主要以人力资源为主。从而农村人口、文化活动、建设设施会出现显著的空心化现象,这是一种变异现象,是农业经济结构转变的推动力和城市就业结构转变的拉动力共同作用的结果。这种空心化是包括经济、人才、文化及空间形态在内的农村方方面面空心化①。

大量青壮年从农村流出,流向城市,且不回流,致使农村不仅在农业生产和文化生活方面处于搁置状态,而且在劳动力比例、年龄构成、受教育程度等方面严重结构性失衡。农村的空心化现状阻碍了城市化进程和发展,并进一步固化了城乡二元结构体制。国土资源部为此强调,中国土地资源存在严重不合理利用现象。为有效解决此种现象,国家出台了相应的政策文件。《全国土地利用总体规划纲要(2006—2020年)》中强调为高效率治理农村空心化问题,要加强对"空心村"用地的改造,稳步推进农村建设用地的整治工作。

第三,城市社会资源承载力严重下降。

资源短缺、环境污染、交通拥堵、人口拥挤、"城中村"等问题的产生表明,在短时间内大量人口涌入城市已经严重超出城市社会资源的承载能力。

长期忽视城市化的内涵与实质,并把城市化理解为城市占地面积的扩大与城市人口的增加是片面的。城市化根本上是实现城市经济、社会、环境功能的完善。全国城市建设用地将近六成来自耕地,且城市的外延式扩张均以占用耕地为主,这都是大多数地方政府"摊大饼"式的"城市大跃进"行为,并严重影响我国耕地的总体生产水平,对保护耕地的国策构成严重冲击。

"城中村"现象出现是外延式的城市扩张的结果。根据现行法律法规,征收农用地的成本必须小于征收集体建设用地的成本。因此,在征收土地时要越过城市周围的集体建设用地,由于城市外围被农村集体建设用地所包围,所以在征收土地过程中会造成国有用地与集体用地犬牙交错,大量的"城中村"现象形成。

同时,由于城市中心开发成本较高,房地产开发商会刻意回避城市规划对城市中心区域开发的过多限制。为降低开发成本,开发商将开发项目转向城市郊区,致使城市中心发展速度缓慢,并在大城市周边形成较多卫星城市。

第四,"鬼城"问题的严峻性不容忽视。

"鬼城"原来指资源枯竭并被废弃的城市,主要是指城市产业结构调整不力,造成区域长期陷入一种衰退、低迷状态。"鬼城"的本质是城市综合竞争力

---

① 张明斗,曲俊熙.新型城镇化进程中的农村空心化治理[J].农村经济,2017,(12):87-93.

下降。人口大量外流、区域经济发展动力不足、产业结构单一且有待升级、基础设施不完善、公共服务水平落后是"鬼城"的主要特点。"鬼城"集合了入住率低、房屋空置率高、供求严重不均衡、开发规模较大等特点,多形成在二、三线城市,是城市土地外延发展与粗放使用的具体体现。

公共服务及基础设施没有跟上城市化的高速进程,两者"逆差"加剧,以及区域内经济压力持续加压、城市功能发展缓慢、城市产业结构单一等矛盾都无法较好地满足高速城市化发展背景下人们对城市的需求。伴随中央经济工作会议的去产能、去库存、去杠杆、降成本、补短板五大任务的提出,"鬼城"问题更加严峻且不容忽视。

在中国现行的土地制度和户籍制度双重障碍下,城市化过程中带动的城市经济发展虽使城市基础设施现代化水平不断提高,却不能在真正意义上吸收和接受农村人口和外来人口。中国真正、根本城市化率提高并不迅速,城市化的集聚效应也被大幅浪费,城市土地和人口之间的非协调发展是当前城市化的主要矛盾,撇去高速城市化率的华丽外表,解释城市间存在的人地矛盾现状、厘清各城市土地和人口之间的人地异速协调关系是城市人地协调发展的基础,是推进城市化健康、持续发展的有力保障。

1.1.2 研究意义

(1) 理论意义

第一,本研究是对城市人地异速生长关系的地域分异特征及影响因素进行考量的研究。本研究通过对区域及都市圈人地异速生长关系的地域分异特征、人地协调关系以及人地异速生长系数的空间关联性进行研究,结合城市竞争力评价指标,在人口流动的背景下,对人地异速生长关系的效率深入研究,以发现中国城市异速生长关系地域分异特征及作用机理,为人地协调发展提供政策支持。

第二,与中国现行的偏重于研究城市土地集约利用协调度模型不同,本研究将城市人地异速模型放在城市人口与土地的异速生长关系的地域分异及空间相互溢出效应上,并尝试运用 ESDA 分析方法分析中国各个地级市异速生长系数的空间相互作用及溢出效应。显然,这个研究的出发点是通过 ESDA 分析方法及人地异速生长系数影响因素的分析,实现人地异速生长关系的协调发展。与传统的偏重于城市土地集约利用协调度模型不同,它是对城市人口和土地相互关系发展的新思维。

第三,城市人地异速生长关系的研究是以异速生长系数为基础,从崭新视角深入研究城市土地集约利用程度及空间格局与集聚特征。对城市土地集约利用程度的研究本质上是研究城市土地和城市人口相对增长速度关系的问题,传统的研究人口与土地关系的协调度模型是通过对土地利用程度评价指标的选取,计算人口和土地的协调度大小研究城市土地和城市人口之间的关系,最终将土地和人口之间的关系划分为不协调、初步协调、基本协调、高度协调四个等级。虽然协调度模型将城市土地和城市人口的协调关系划分为四个等级,但是协调度模型没有清楚地表明人口和土地各自之间增长速度孰快孰慢的问题。异速生长模型更注重人口和土地之间各自相对增长速度的关系。本研究试着为构建健康和谐的人地生长关系提供一个新的视角,进行多维透视。

(2) 现实意义

第一,通过对城市人地异速生长关系的地域分异研究,有助于解决人地协调发展的现实问题,促进人口城市化和土地城市化的协调发展。城市化是现代化的必然趋势,新型城市化以城市人口和土地利用的合理匹配为重要前提。从国家"九五"规划以来,中国进入快速城市化新阶段,在较短的时间内实现了欧美国家几十年甚至上百年的发展历程。这种快速扩张的城市化模式,导致城市建设用地无序蔓延、经济发展模式粗放、人口城市化和土地城市化发展失衡等一系列问题。本研究以全国城市、城市群为研究对象,利用 2006—2016 年中国 293 个地级及以上城市的城区人口和建成区面积及社会经济面板数据,测算人口与土地异速生长关系的异速生长系数,据此划分出人口与土地相互作用的关系类型,为科学协调快速城市化进程中"人—地"关系,推进城市化进程、城乡融合发展提供理论依据。

第二,通过对城市人地异速生长关系的地域分异研究,有助于发现不同区域影响人地关系的关键因素。本书采用实证分析方法,在全国东、中、西及东北四大板块区域分析了城市行政区位、土地市场化率、人力资本积累能力、自然资源禀赋、城市基础设施五个主要因素对异速生长系数的显著性及贡献度的影响,通过分析解释了异速生长系数产生差异的原因,为改善不同类型城市的人地关系提供现实的依据,为制定全国土地总体规划提供佐证,为中国新型城市化提供指导方向。

第三,通过对城市人地异速生长关系的地域分异研究,有助于建设节约型社会,促进城市用地的集约利用。基于异速生长模型的中国土地集约利用水平的研究,有助于更清晰、更直观地反映各个区域及板块之间人口和土地之间增长速度的相对快慢关系,本书在对异速生长系数时空演化特征分析的基础上,关注各地级市之间异速生长系数的空间影响及空间外部性,从空间分异的角度对异速生长系数的区域差异和人地关系扩张进行现状描述,根据实证结果直观地反映城市之间人地异速生长关系空间溢出效应。

国务院近年相继出台《关于促进节约集约用地的通知》(国发〔2008〕3号)、《关于做好建设节约型社会近期重点工作的通知》(国发〔2005〕21号)、《关于深化改革严格土地管理的决定》(国发〔2004〕28号)等系列文件。文件中明确指出,在科学发展观指导下,依照法律、法规,走新型的土地利用道路和新模式是关系到国家长远利益的大计;切实从保护耕地角度出发,集约、高效用地是关系民族生产根基的大计。节约集约用地是舒缓我国土地供需矛盾的必然选择,是建设节约型社会、调整经济结构与转变经济增长方式的迫切任务。研究城市人地异速关系协调发展对解决我国突出的人地矛盾、建设节约型社会具有实践指导意义,可以为政府部门制定相关城市土地政策提供理论依据。

1.2 文献综述

异速生长理论属于分形理论的分支,分形理论由德国科学家 B. B. Mandelbrot 于 20 世纪 70 年代中期创立,分形体是部分与整体存在某种自相似性的几何图形,其特征是自相似性,主要研究复杂、不规则、不可微的几何图形。

城市体系各要素相互作用,区域城市的空间分布显示出一定的规律,即为城市体系空间分布的自相似性分形结构。异速生长模型是分形理论的重要组成部分,异速生长模型主要用于研究城市人口和城市土地的异速生长关系,通过异速生长系数值的区间划分,分辨出不同区域对应的人地异速关系类型。国内外学者对异速生长模型及城市人地异速生长关系做出了大量研究,本节对国外及国内相关领域的代表性成果进行梳理。

1.2.1 国外对城市分形与人地异速生长关系的研究

国外学者主要集中于研究城市形态、城市生长、城市交通、城市结构和城市演化机制等问题,在研究过程中主要以城市个体为对象,结合地理分形理论对其进行研究。

Mandelbrot[1]于20世纪70年代创建了分形理论,是分形理论的奠基人,他研究了城市位序-规模分布的分维数性质,首次指出维数可为分数的观点。M. Batty[2]研究了英国Cardiff城市的边界线,发现Cardiff的城市边界有显著分形特征,并计算了该城市不同年份的分维数。S. L. Arlinghaus研究Christaller中心地体系,在研究过程中发现中心地模型同样具有分形几何结构。[3]此后城市地理学的分形研究日渐兴起。S. Thibault,A. Marchard对法国里昂市的郊区铁路、公共交通以及排水设备进行了系统的分维测算,其研究主要集中在交通网络和城市交通两方面的分形研究。[4] M. Batty,S. Fotheringham开辟城市分形模拟研究的新途径,通过借助受限扩散凝聚模型DLA和电介质击穿模型DBM模拟英国Cardiff城市和美国Taunton城市的分形生长和空间扩展。[5] DLA和DBM模型可以表现城市形态的发育,DLA为受限扩散凝聚模型(Diffusion-limited Aggregation),DBM为电介质击穿模型(Dielectric Breakdown Model),两者不能反映城市土地利用结构。L. Benguigui,M. Daoud结合分形理论,

---

[1] MANDELBROT B B. Fractals: form, chance, and dimension[M]. San Francisco: W. H. Freeman,1977.

[2] BATTY M. Fractals - geometry between dimensions [J]. New Scientist, 1985, 105 (1540):31-35.

[3] ARLINGHAUS S L. Fractals take a central place [J]. Geografiska Annaler,1985,67(B): 83-88.

[4] THIBAULT S, MARCHARD A. Reseaux et Topologie [M]. Villeurbanne: Institute National Des Sciences Appliquées de Lyon, 1987.

[5] BATTY M, LONGLEY P, FOTHERINGHAM S. Urban growth and from: scaling, fractal geometry, and diffusion-limited aggregation[J]. Environment & Planning A,1989,21(11): 1447-1472.

研究了法国巴黎郊区的铁路网络分形特征①,Frankhauser 结合分形理论,分析了德国 Stuttgart 郊区铁路系统分维特征,并证明铁路交通网络系统具有显著分形几何性质②。

随后有学者将分形理论用于城市边界增长的测定研究。Tayyebi 通过选定城市的多个中心,以距离为测度建立城市边界预测模型,模型模拟城市边界的位置特征,并划定伊朗德黑兰的城市增长边界。③ Triantakonstantis 采用决策树进行城市空间发展模拟④、Arsanjani 采用智能主体⑤和 Nemmour 矢量支撑机⑥对城市空间发展方法进行模拟。Puertas⑦ 和 Jokar⑧ 基于 GIS 和 RS 技术,将人工神经网络、元胞自动机、决策树、智能主体和矢量支撑机方法结合起来,建立了城市发展边界模型。

以上国外学者对城市分形的研究集中在城市位序-规模、城市合理增长边界、城市交通网络等方面。在城市人地关系方面,提出的有代表性的理论观点主要集中在城市人口与城区面积是否符合异速生长关系方面。S. Nordbeck 指

---

① BENGUIGUI L,DAOUD M. Is the suburban railway system a fractal? [J]. Geographical Analysis, 1991,23(4):362-368.
② FRANKHAUSER P. Fractals de structures Urbanies[M]. Paris:Economica,1994.
③ TAYYEBI A,PIJANOWSKI B C. An urban growth boundary model using neural networks,GIS and radial parameterization:An application to Tehran,Iran[J]. Landscape & Urban Planning,2011,100:35-44.
④ TRIANTAKONSTANTIS D, MOUNTRAKIS G. A Spatially heterogeneous expert based urban growth model using model regionalization[J]. Journal of Geographic Inform action System, 2011, 3(3): 195 – 210.
⑤ ARSANJANI J J, HELBICH M. Spatiotemporal simulation of urban growth patterns using agent-based modeling:The case of Tehran[J]. Cities, 2013,(32): 33 – 42.
⑥ NEMMOUR H , CHIBANI Y. Multiple support vector machines for land cover change detection:An application for mapping urban extensions[J]. Journal of Photogrammetry and Remote Sensing, 2006, 61(2): 125 – 133.
⑦ PUERTAS O L, HENRÍQUEZ C, MEZA F J. Assessing spatial dynamics of urban growth using an integrated land use model:Application in Santiago Metropolitan Area, 2010-2045 [J]. Land Use Policy, 2014, (38): 415-425.
⑧ JOKAR A J, KAINZ W, MOUSIVAND A J. Tracking dynamic land-use change using spatially explicit Markov Chain based on cellular automata:The case of Tehran[J]. International Journal of Image and Data Fusion, 2011, 2(4): 329-345.

出城市人口与城市地理面积成幂律异速关系。① 对城市人口与城区面积是否符合异速生长关系是由最初城市体系的局部(如最大城市)的相对增长率和整个城市系统的相对增长率有恒定的比值观点的提出为出发点。以上观点主要指出,异速生长方程主要用于刻画局部与整体关系②。A. Isalgue 提出城市的能量消耗可以看作是生物体的新陈代谢率,城市间人口流动的节奏可认为是生物体的心跳或脉搏速率,和城市人口即生物体的体积成幂律异速关系。③ M. Hamilton 提出人口数与人口活动范围即居住地总面积成幂律异速关系。④

然而,异速生长关系并不局限于刻画局部与整体的关系,也可用于刻画一个生长体的某两个变量(如高度与质量)之间的生长关系,对一个系统两个变量之间的生长关系的观点刻画主要集中于城市-乡村人口方面、省区域总人口与省内最大城市人口方面、城市人口和城区面积系统方面,及对异速生长系数的分维数取值的探讨。

1.2.2 国内对城市分形与人地异速生长关系的研究

中国的城市地理学分形研究始于 20 世纪 90 年代初期。李后强、艾南山两位学者提出了正五边形的城市市场网络分形模型,并对成都市市场网络空间结构进行研究,⑤在本质上该模型是一个区位优化模型,该研究代表着中国城市地理分形研究的开始。陈勇等从分维值角度研究中国东、中、西部三大地带城市规模分布及分维值分布特征,并把我国城市规模分布同国际主要城市分维值做了相应比较,对城市分形结构进行了综合探讨。⑥ 陈涛、刘继生在简

---

① NORDBECK S. The law of allometric growth[J]. Inter-University Community of Mathematical Geographers,1965, (3): 33-42.

② DUTTON G. Foreword: size and shapes in the growth of human communities[J]. Ekistics, 1973,36(215):241-243.

③ ISALGUE A, COCH H, SERRA R. Scaling laws and the modern city[J]. Statistical Mechanics and it's Application,2007, 382(2):643-649.

④ HAMILTON M J, MILNE B, WALKER R S, et al. Nonlinear scaling of space use in human hunter-gatherers[J]. Proceeding of the National Academy of Sciences,2007,104(11):4765-4769.

⑤ 李后强,艾南山. 具有黄金分割特征和分形性质的市场网络[J]. 经济地理,1992,(4):1-5.

⑥ 陈勇,陈嵘,艾南山,等. 城市规模分布的分形研究[J]. 经济地理,1993,(3):48-53.

要介绍分形理论的基础上,探讨城市体系的空间分布、随机扩散和规模分布的规模性,着重研究了城市体系的分形特征,并指出在城市体系研究中运用分形理论有待于进一步探讨城市体系问题。① 陈彦光在 Christaller 的中心地理论的基础上,提出了城市体系的空间结构 Koch 雪花模型,并对 Koch 雪花模型给出相应的数学描述;同时证明了关于城市分布的 Davis 二倍数规律与三参数 Zipf 模型的等价性。② 陈彦光、罗静结合分形几何学方法研究河南省交通网络的空间结构特征,提出了空间维数概念,并建议使用网络维数和牛鸦维数比等指数来反映区域交通网络的通达性以及复杂度,指出河南省城市交通网络优化方向。③ 陈彦光、刘继生根据城市体系分形理论的推论,论证了区域交通网络系统的 DBM 特征。④

从城市体系的分形理论研究到城市人口-城区面积异速生长幂次的研究源于陈彦光从空间复杂性及空间尺度和空间维数方面研究了异速生长定律和 Clark 定律存在的模型相容性和模型参数一致性问题,指出城市人口密度分布二维空间分形与城市人口-城区面积三维空间分形的异速生长幂次定律矛盾,是三维空间投影到二维的必然结果,不同维数的空间链接会表现出行为复杂性,解决这个问题的办法是将研究对象的维度保持一致。⑤ 常静、李雪铭修正了城市人口-城区面积的异速生长模型和城市投入-产出的 Cob-Douglas 生产函数,通过引入城市垂直空间生长标度因子作为新变量,对大连城市人口-土地-产值结构的双对数模型进行拟合。⑥ 刘继生、陈彦光对山东省城市体系人地异速关系进行分析,发现地级市较符合异速生长定律,县级市关系不明确。并且山东城市人地异速生长系数均小于1,中小城市土地利用较大城市相比相

---

① 陈涛,刘继生.城市体系分形特征的初步研究[J].人文地理,1994,9(1):25-30.
② 陈彦光.城市体系 KOCH 雪花模型实证研究:中心地 K3 体系的分形与分维[J].经济地理,1998,(4):33-37.
③ 陈彦光,罗静.城镇体系空间结构的信息维分析[J].信阳师范学院学报(自然科学版),1997,10(1):64-69.
④ 陈彦光,刘继生.区域交通网络分形的 DBM 特征:交通网络 Laplacian 分形性质的实证研究[J].地理科学,1999,(2):114-118.
⑤ 陈彦光.中国的城市化水平有多高?:城市地理研究为什么要借助分形几何学?[J].城市规划,2003,27(7):12-17.
⑥ 常静,李雪铭.修正后的城市系统异速生长方程实证研究:以大连市为例[J].地理科学,2004,24(4):406-412.

对浪费。山东省城市人口-城区面积异速生长关系的状态不佳,城市体系发展存在诸多不协调因素,通过自组织方式在城市之间形成自下而上的竞争合作关系,可进一步完善城市体系时空结构。① 吴金华、吴国栋以西安市为例对其进行人地异速生长关系研究,得出西安市城市人口-城区面积呈现负异速增长趋势,人均占地面积随人口规模的扩大而下降,人口相对增长速度大于土地相对增长速度,土地集约利用程度具有显著提高趋势,与此同时,城市用地的规模经济效益显著提高。②

李郇、陈刚强、许学强对中国1990年、2000年和2005年城市人地异速生长关系进行研究,发现1990年中国城市呈现负异速生长特征,2000年和2005年中国城市异速生长关系由负异速生长转为正异速生长。③ 赵岑、冯长春以城市人口规模为切入点,结合我国城市用地实际情况,构建异速生长模型,探讨中国城市人口增长与城市用地扩张的相互关系及其发展变化趋势,指出从1996年到2007年中国城市土地相对增长速度加快,人地异速生长关系向正异速方向逐渐转变;大城市及特大城市建成区面积扩张迅速,中小城市工业用地扩张迅速,城市规划和建设要有针对性地给予调控。④ 董立峰等应用异速生长方程并结合城市人口密度分析方法,对1990年以来山东省城市人口和城市建成区面积的异速生长关系进行研究。结果表明,1990—2005年间,大城市标度指数 b 值总体趋向减少,表明山东省大城市土地利用集约程度不断提高。此外他指出1990年以来山东省小城市用地的扩张速度快于城市人口的增长速度,城市用地扩张呈现加速趋势。⑤ 鲁骏峰、李豫新研究新疆城市人地异速生长关系,实证分析了新疆在经济发展中的人口与用地关系。结果表明,新疆城市人口与用地关系整体上处于良性发展趋势,但人口与用地正异速生长的

---

① 刘继生,陈彦光.山东省城市人口-城区面积的异速生长特征探讨[J].地理科学,2005,25(2):135-141.

② 吴金华,吴国栋.基于城市人口-城区面积异速生长关系的西安市城市化水平测算模型研究[J].国土资源科技管理,2008,(1):92-95.

③ 李郇,陈刚强,许学强.中国城市异速增长分析[J].地理学报,2009,64(4):399-407.

④ 赵岑,冯长春.我国城市化进程中城市人口与城市用地相互关系研究[J].城市发展研究,2010,(10):113-118.

⑤ 董立峰,王林林,李德一.近20年来山东省城市异速生长分析[J].城市问题,2012,(8):50-51.

趋势显著,部分城市的土地利用现状与经济发展情况不协调,人口与用地关系有恶化的可能。① 郑银龙、南灵通过构建异速生长模型,探讨陕西省城市人口增长与城市用地扩张相互快慢的关系。研究发现2001—2010年,陕西省城市人地关系呈现正异速生长特征,城市用地扩张整体水平不合理,其中西安、宝鸡和咸阳等关中地区城市用地扩张速度最快,异速生长系数远远超过临界值。② 王成新、王波涛、王翔宇从区域结构、建设用地结构、城市规模结构等视角,运用异速生长模型,分析全国2001—2014年土地城市化与人口城市化异速生长关系。他们指出,从区域结构视角看,近14年中国东部地区和中部地区土地城市化始终快于人口城市化;从建设用地结构角度看,公共管理和公共服务用地、物流仓储用地和居民用地以人口相对增长速度快于土地相对增长速度为特征,但工业用地、绿地和道路与交通设施用地扩张速度快于城市人口增速。③ 李秀玲研究东北三省城市人口-城区面积的异速生长关系,指出辽宁省土地资源得到了高效利用,吉林省和黑龙江省的土地利用存在着浪费情况,土地规划中应引导城市建筑向着高空发展,限制城区无规则蔓延。④ 沈威等对河南省郑州市1981—2015年35年的城市人口与城市土地面积异速生长关系进行研究,并运用Logistics函数对未来十年郑州城市人口和面积规模进行预测,为郑州市未来城市规模确定和人地协调发展提供支持。结果表明郑州市异速生长系数一直高于0.85,预测结果表明未来十年标度指数有所下降,趋于理论值,城市用地集约趋势明显。⑤

1.2.3 简短的评述

通过对国内外城市分形及异速生长模型研究成果的梳理可知,国外文献

---

① 鲁骏峰,李豫新.新疆城市经济发展中人口与用地关系研究:基于异速生长模型的分析[J].地域研究与开发,2013,32(6):121-125.

② 郑银龙,南灵.陕西省城市人口与城市用地异速生长关系研究[J].信阳师范学院学报(自然科学版),2013,(3):370-373.

③ 王成新,王波涛,王翔宇.基于结构视角的中国人口城市化与土地城市化异速增长研究[J].中国人口·资源与环境,2016,26(8):135-141.

④ 李秀玲.东北三省城市人口-城区面积的异速生长关系分析[J].东北师大学报(自然科学版),2017,49(1):134-139.

⑤ 沈威,周鹏超,杜巧艳,等.基于时间序列的郑州市城市人口-面积异速生长特征及预测[J].现代城市研究,2017,(5):100-105.

的研究主要集中于通过结合城市分形理论对城市位序-规模、城市合理增长边界、城市交通网络三方面进行研究,对分形理论中的异速生长模型,及结合异速生长模型对城市人口与土地的相互协调关系研究较少。国内学者初期对城市分形理论的研究主要集中于城市市场网络分形、城市体系分形、交通网络分形、城市人口-城区面积异速生长幂次定律及城市人口-城区面积对异速生长模型的拟合方面,后期国内有越来越多的文献进一步以异速生长模型为中心,对城市人口与土地的异速生长关系、不同用地结构的异速生长关系、城市土地集约利用的异速生长关系展开研究。从已有研究来看,文献大多专注于对特定地区土地与人口是否符合异速生长模型进行描述,对不同区域间人地异速生长关系的时空演变特征、空间关联性,以及对异速生长系数影响因素的研究相对薄弱。基于此,本书在已有文献研究基础上,以全国 293 个地级及以上城市为研究对象,基于 2006—2016 年统计数据,结合异速生长模型,对各个城市人地异速关系演变特征及城市间人地异速生长空间关联性进行探讨,并对人地异速生长系数的影响因素及作用机制做出初步分析,进而为协调人地关系健康发展和城市可持续发展提供依据。

1.3 研究目标、研究框架与研究方法

1.3.1 研究目标

本书基于探寻协调的人地异速生长模式为目标,在已有文献研究的基础上,将异速生长理论与城市人地关系协调发展研究相结合,总结归纳出不同区域人口与土地异速生长的一般性规律和空间差异化特点,并利用计量分析法实证分析异速生长系数的主要影响因素,及人口迁移背景下城市人地异速生长关系的作用机理。

通过以上对城市人地异速生长关系的地域分异研究,得出我国不同区域城市异速生长系数变化特征、作用机理及影响因素,揭示不同区域人地异速生长关系地域分异的主要特征及存在问题,为城市人地异速生长关系协调发展提供政策支撑。

1.3.2 技术路线和研究框架

结合本书特有的研究方法和主要研究内容,将本书的研究技术路线和研究框架绘制如下(见图1-1)。

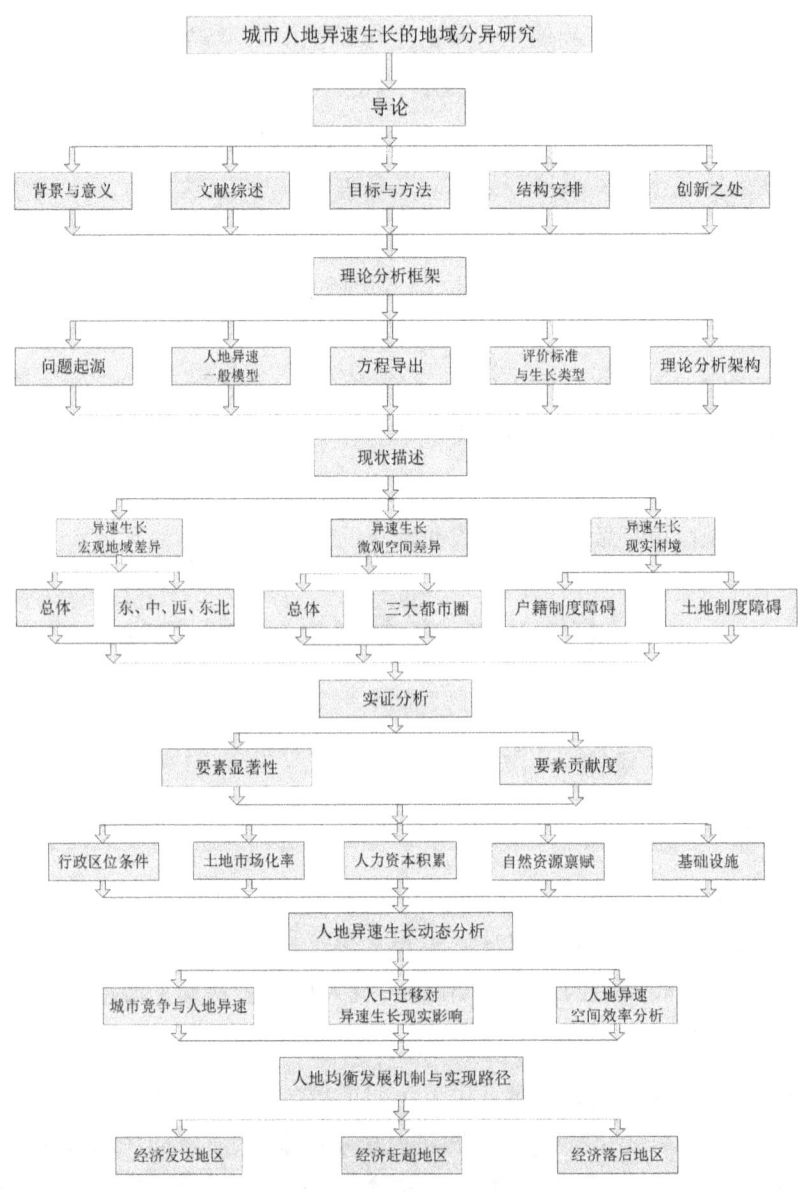

图1-1 研究框架与技术路线图

本书首先通过背景、研究意义的阐述，找到文章研究的立脚点，进一步通过对相关理论的国内外文献进行梳理，确立文章的研究目的、研究方法和研究内容，通过对比分析，发现文章的边际贡献及创新之处。其次，通过异速生长模型的内涵及异速生长系数的测度方法，阐述了人地异速生长关系的分类标准与运行机理，并构建文章的理论框架。再次，从宏观到局域的视角，对人地异速生长系数时空区域差异及人口土地异速协调发展现状进行描述，提供了多层次、翔实丰富的现实依据。随后利用面板数据回归的计量分析方法实证分析异速生长系数的主要影响因素，从变量的显著性和贡献度两个方面分析影响人地异速生长系数的主要因素及规律特征，并在城市人口流动的基础上，从动态角度分析城市人口迁移对城市人地异速生长关系的作用机理。最后，对发达地区、赶超地区、落后地区的城市人口与土地增长的动态均衡与实现路径进行研究。

1.3.3 研究方法

第一，统计分析方法。研究中涉及异速生长系数的计算及异速生长系数的影响因素分析，这些分析都要以大量的数据分析作为支撑。因此，本书结合统计学的原理与方法，集中对大量数据进行了收集、整理工作，并对相关数据进行整合与有效分析。

第二，理论分析方法。本书运用分形几何学理论、城市地理学理论、区域经济学理论、城市经济学理论对基于异速生长模型的城市人地协调关系进行研究，得出研究区域异速生长系数的区域差异性和空间关联性，探索城市异速生长的共性和差异性规律，为城市人地关系协调发展提供现实路径。

第三，比较分析方法。本书通过搜集、整理大量的相关文献，明确了异速生长与人地协调发展之间的研究范围，深入分析已有研究可供借鉴之处及研究不足。通过对文献的横纵对比，清晰把握已有学者对人地异速生长问题研究的广度和深度。在前人研究的基础上，本书的研究对进一步厘清研究目的、探究研究意义及研究框架的合理设定有积极促进意义。

第四，计量分析方法。本书结合 2006—2016 年 293 个地级及以上城市的人口、土地面板数据，对我国东部、中部、西部、东北四大板块及三大都市圈异速生长系数的变化情况、空间分布特征及空间联系进行了现状描述，并结合面板数据回归分析方法对我国东部、中部、西部及东北四大板块异速生长系数的影响因素和要素贡献度的差异重点研究。通过对异速生长系数区域差异和影响因素贡献度的有效分析,有助于掌握异速生长变化的普遍规律及区域异质性特点,为人地协调发展的实现途径提供有力依据。

1.4 论文结构安排

为了实现上述的研究目标,本书的内容安排如下:

第1章,导论。本部分通过背景、研究意义的阐述,找到文章研究的立脚点,进一步通过对相关理论的国内外文献进行梳理,确立文章的研究目的、研究方法和研究内容,通过对比分析,发现文章的边际贡献及创新之处。

第2章,城市人地异速生长关系地域分异的理论框架。该部分是整个文章的理论基础,尤为重要。理论分析框架的搭建是以后研究的基础,本章首先对异速生长问题的起源和基本概念进行界定,对文中用到的、容易引起混淆的异速生长概念进行界定、辨析,分析了异速生长关系的生物学根源,阐述了异速生长模型在城市领域的引入。其次,推导出城市人地异速生长关系的数学函数及城市人地异速生长方程曲线。再次,对城市人地异速生长关系进行类型划分,并给出评价标准。最后,对城市人地异速生长系数变动机理进行剖析,并绘制城市人地异速生长的理论架构图。

第3章,人地异速生长关系的宏观地域差异及其现实困境。我国人地协调发展关系有较强的区域不平衡特征,异速生长系数相应呈现空间异质性变化特征。系统全面地分析异速生长系数区域差异现状,对掌握我国异速生长系数的总体变化规律和人地协调关系的时空特点有重要指导意义。本章在理论分析框架的基础上,从宏观研究视角入手,具体描述了全国及东部、中部、西部和东北地区四大板块异速生长系数的时间变化特征和区域差异。在对区域异速生长系数时空演变特征分析的基础上,对城市人地异速生长的现实困境进行分析,中国目前人地异速生长面临的现实困境主要表现在中国城市化过程中"化地不化人"现象的加剧,以及传统土地制度约束下的城市土地行政化配置倾向较为严重两个方面。

第4章,人地异速生长的空间局域差异及空间关联性。本章从宏观视角和微观视角对人地异速生长关系进行分析,它们是构成空间异速生长分析系统的两大组成部分。在第3章描述全国宏观异速生长系数的时空变化及东部、中部、西部、东北地区异速生长系数的时空变化特征基础上,本章进一步从微观局域视角对中国三大都市圈的人地异速生长关系的协调性和空间关联性进行分析。中国三大都市圈主要有:长三角都市圈、珠三角都市圈、京津冀都市圈。通过微观局域视角,对三大都市圈的人地异速生长关系的协调性和空间关联性进行分析,了解各个都市圈的人地异速生长关系的协调性及空间相互作用。

第5章,城市人地异速生长地域分异影响因素及制度作用机理。前面两章分别从宏观和微观两个角度描述了异速生长系数区域性差异和城市人地异速生长关系的现状特点。在以上分析基础上,本章采用经济计量分析方法,对我国城市人地异速生长系数的影响因素进行面板数据回归分析,以探讨促进人地协调发展的实现途径与具体措施。通过在全国范围及主要经济区内分析城市行政区位、土地市场化率、人力资本积累能力、自然资源禀赋、城市基础设施对异速生长系数的影响,得出影响异速生长系数的主要影响因素及共性特征。

第6章,城市竞争、人口迁移与城市人地异速生长。人口迁移、人口集聚及城市竞争力差异是影响人口与土地关系动态变化的主要原因,城市竞争力是对城市发展潜能的探索,是提升城市发展能力的有效手段。本章从动态的角度,通过对城市综合竞争力水平和人口迁移的空间差异性特征进行分析,进一步挖掘人口增长和土地扩张的动态过程及其内在演化动力,并将城市综合竞争力指标、城市人口迁移指标作为输入指标,将人地异速生长系数指标作为输出指标,以构建人地异速协调发展的效率模型。接着,深入分析人口迁移背景下一、二线城市人地异速生长效率的空间差异性及规律性特征,为第7章政策含义的阐述铺垫理论基础。

第7章,研究结论、政策取向与研究展望。本章在以上分析的基础上得出研究结论,并据此对不同地区的城市如何做到人地均衡性增长的问题展开研究,提出了发达地区、赶超地区和后进地区实现城市人口与土地动态均衡增长的政策取向。最后对尚待研究的领域进行了简单展望。

1.5 本书的创新点

第一,从区域和空间视角对异速生长关系的时空演化特征及变化规律进行探讨。城市异速生长的研究源于20世纪60年代,研究主要致力于对单个城市是否符合异速生长关系进行探讨。以板块或都市圈为研究对象,进行人地异速生长关系研究的文献相对较少。本研究通过对空间的宏微观相结合,以板块和都市圈为研究对象,对中国东部、中部、西部和东北地区四大区域及长三角都市圈、珠三角都市圈、京津冀都市圈三大都市圈的人地异速生长关系的协调性和空间关联性进行分析。特别地,在对区域异速生长系数时空演变特征及空间关联性分析的基础上,发现中国人地异速生长的现实困境。中国目前人地异速生长面临的现实困境主要表现在中国城市化过程中"化地不化人"现象的加剧,以及传统土地制度约束下的城市土地行政化配置倾向较为严重两个方面。

第二,将异速生长系数临界值的确定与人地协调关系结合。根据以往对异速生长系数临界值的划定标准,异速生长总体分为三种类型:正异速生长、负异速生长和同速生长。然而异速生长系数和人地协调关系两者结合研究尚未多见。本研究在异速生长系数临界值划定的基础上,结合人地协调发展模型,进一步将异速生长关系划分为六类,并给出了人地异速关系的协调分类标准,对从异速生长的角度研究人地协调发展问题进行开拓创新。

第三,异速生长系数可反映城市人口与土地相对增长速度的快慢关系,然而哪些影响因素会对异速生长系数产生显著影响尚不明确。因此,精准把握异速生长系数的主要影响因素,对人地协调发展有重大意义。本研究通过面板数据回归分析法,对影响异速生长系数变动的各个因素进行相关分析,根据各影响因素的显著程度和各影响因素的贡献度大小,发现城市行政区位和土地市场化率是影响异速生长系数变化的两大首要因素,在一定程度上,行政区位直接作用于人地关系,并左右着土地市场化进程。

2 城市人地异速生长关系地域分异的理论框架

本章是城市人口和土地异速生长的理论框架,该部分是整本书的理论基础,尤为重要。这一章的主要任务是搭建理论分析框架,为以后的研究框架奠定基础。本章首先对异速生长问题的起源和基本概念进行界定,对文中用到的、容易引起混淆的概念进行界定、辨析。其次分析了异速生长模型在城市领域的应用、城市人口-土地异速生长关系的本质,及城市人口-土地异速生长的一般模型,在模型中具体阐述了城市人地关系异速生长的数学函数和人地异速方程曲线。随后本章阐述了城市人地异速生长的评价标准与异速生长类型,并分析了异速生长系数变动机理,最后给出了城市人地异速生长地域分异的分析架构图。

2.1 从异速生长概念到城市人地异速生长

2.1.1 城市人地关系异速生长问题溯源

异速生长是生物学中最经典的标度概念,异速生长定律最早是由地理学家 Naroll 和生物学的系统理论创始人 Bertalanffy 合作,从生物学领域引入地理学领域的。1972 年 Yuk Lee 提出,哺乳动物的头脑尺寸与身躯大小之间具有异速生长关系①,因此异速生长的原义被理解为"与整个机体的绝对尺寸的变化相关的比例差异"。Huxley 受到 Snell 研究的启发,于 1932 年提出异速生长概念。1958 年,Beckmann 把异速生长概念发展为生物体的局部与整体的几何测度关系,比如一个器官的相对增长率会与整个生物体的相对增长率有恒定的比值。② 类比生物现象,地理学家认为城市地理系统中也应存在如此局部与整体的测度关系。和生物现象类比,城市体系的局部例如为某个大城市,可类比为生物体的一个器官,整个城市体系可类比为整个生物体。所以,城市体系的局部即该体系的最大城市或最小城市的相对增长率,和整个城市体系的相对增长率应该具有恒定比值。

基于城市体系的局部相对增长率应该和整个城市体系相对增长率有恒定的比值,1958 年,Beckmann 提出异速生长方程,用于描述城市体系内最大城市人口和城市体系所有城市总人口的相对比例关系。

但异速生长理论并不仅局限于描述局部与整体之间的关系,1965 年,Nordbeck 研究发现,一个生长体的某两个变量也可以满足异速生长方程。例如生长体的两个变量为高度和质量,则这两个变量也可以满足异速生长方程。1971 年,Nordbeck 推广异速生长方程所研究的两个变量,认为城市人口和城区面积即人口-土地关系也满足异速生长方程,这便为本书所研究的异速生长方程范围。后来国内外学者进一步推广异速生长方程所研究的范围,异速生长方程还可研究城乡人口关系、城市 i 和城市 j 的人口关系、城市 i 和城市 j 之间的产值关系,具体见表 2-1。

表 2-1 城市地理中异速生长的主要应用领域

研究者	自变量 X	因变量 Y	描述对象
Beckmann	区域城市总人口	区域最大城市人口	城市个体-整体关系
Nordbeck and Dutton	城市 i 的人口	城市 i 的面积	城市结构特征
Naroll and Bertalanffy	区域乡村人口	区域城市人口	城市化过程
陈彦光和刘继生	城市 i 的人口或产值	城市 j 的人口或产值	城市体系的时空演化

---

① LEE Y. A stochastic model of the geometric patterns of urban settlements and urban spheres of influence: a clumping model[J]. Geographical Analysis, 1972, 4(1): 51-64.

② BECKMANN M J. City hierarchies and distribution of city sizes[J]. Economic Development and Cultural Change, 1958, 6: 243-248.

城市用地形态已经被证明有分形结构,城市系统的异速生长与城市分形演化也具有密切的数理关系。Batty 在《分形城市》一书中,对城市的异速生长的标度指数与分维的关系进行了深入讨论。此后陈彦光等对标度指数的分维性质从不同角度进行分析,生物体的测度为"面",则对应维数为 2;生物体的测度为"体",则对应维数为 3。对应城市体也有"城区面积"和"城市人口"不同的测度,并对应不同维数。

2.1.2 异速生长模型在城市领域的引入

异速生长模型本质上是研究某系统的局部与系统整体之间各自增长率的相对关系,或是研究某系统的局部与该系统的另一局部之间各自增长率的相对关系;具体指该系统局部的相对增长率与系统整体的相对增长率之间,或系统的局部增长率与系统另一局部相对增长率之间具有恒定的比值,是系统的局部之间或者局部与整体之间的几何测度关系。

局部与整体,或局部与局部的几何测度关系可用数学式子描述,具体为

$$\ln Y = \ln a + b \ln X$$

将该式子进一步整理可得式子

$$Y = aX^b$$

X, Y 分别代表该系统中两个相对的独立部分,这两个独立的部分可为局部,或为整体。a 称为比例系数,b 称为异速生长系数。

异速生长模型是研究城市人地协调关系及城市空间结构的重要方法。将城市看作某一完整系统,该系统中人口和土地便可视为系统中的两大独立组成部分,城市人口与城市土地是两个维度不同的变量。因此,结合异速生长模型,将 $Y = aX^b$ 式子中的 X, Y 两个变量结合研究对象,并赋予新含义。其中 Y 代表城市建成区面积,X 代表城市人口数量。此时,异速生长模型研究角度为城市用地的相对增长率和城市人口相对增长率的大小关系,城市用地与城市人口各自增长率的相对关系主要反映在异速生长模型 $Y = aX^b$ 中的异速生长系数 b 上。

异速生长系数本质上是两个维度的比值,是两个不同维度的物体在进行同比例研究时必须进行的同维度转化过程。然而两个不同维度的几何体,因为维度不同,不能进行几何测度。若进行几何测度,必须将两个不同维度的几何体转化为两个相同维度的几何体。

最早学者认为维数是整数,城区面积为2维,人口为3维,则异速生长系数b的数值应该趋于2/3。但在实测过程中,标度b是大于2/3的,大量的城市或城市体系的维数处于2/3到1之间,平均值为0.85左右。英国的科学院院士Batty从分形几何学的角度对城市人口-城区面积的异速生长关系进行了重新解释,继此之后,有学者发现,在异速生长关系这类数学描述中,维数是一个相对性的参量,假定城市人口的维数$D_p=2$,并且令城区面积的维数为D_a,则有$b=D_a/D_p$。并且此时的b值趋于0.85,此时城市用地面积维数的平均值为1.7左右,人口的维数为2,通过实测及维度转化可得异速生长系数b在理论上的临界值为0.85[1]。当b小于0.85时,称之为负异速生长,表明城市人口相对增长速度较快,并快于城市土地相对扩张速度,城市用地趋于集约节约化,城市向高层发展;当b大于0.85时,称之为正异速生长,表明城市人口相对增长速度较慢,慢于城市土地相对扩张速度,城市人口密度呈现下降趋势,城市用地趋于粗放、浪费方式扩张。

2.1.3 城市人地异速生长的本质

异速生长是源自生物学领域的一个概念。生物学中对异速生长概念的定义为一个器官的相对增长率与整个生物体的相对增长率具有恒定比值。类比于生物现象,对异速生长给出一般定义:一系统的局部相对增长率与系统整体的相对增长率的比例关系,或一系统的局部相对增长率与系统另一个局部相对增长率的比例关系,用公式表达为

$$\frac{dy}{ydt}=b\frac{dx}{xdt} \qquad (2-1)$$

其中,x为系统的某个局部或者整体的某种几何测度,y为系统的另一个局部的某种几何测度,b称为异速生长系数,在理论上是一个常数。可以证明,上面式子反映了城市生长和发育的标度关系。约去时间变量,(2-1)式可以表示为

$$d\ln y=b d\ln x \qquad (2-2)$$

表示为离散形式为

$$\Delta\ln y=b\Delta\ln x \qquad (2-3)$$

---

[1] 陈彦光.分形城市系统的空间复杂性研究[D].北京:北京大学,2004.

或者
$$\ln(y_t/y_{t-1}) = b\mathrm{d}\ln(x_t/x_{t-1}) \quad (2\text{-}4)$$

若有
$$r_y = y_t/y_{t-1}, r_x = x_t/x_{t-1} \quad (2\text{-}5)$$

则有
$$b = \ln r_y / \ln r_x \quad (2\text{-}6)$$

从式子(2-1)可以看出,b 反映的是变量 y 的相对增长速度与 x 的相对增长速度的比率。根据 b 值的大小,可以将异速生长的类型分为三种:y 的相对增长速度快于 x 的相对增长速度时,为正异速生长;y 的相对增长速度慢于 x 的相对增长速度时,为负异速生长;y 的相对增长速度等于 x 的相对增长速度时,为同速生长。

类比生物现象,地理学家认为城市地理系统中也应存在如此局部与整体的测度关系。和生物现象类比,城市体系的局部例如为某个大城市,可类比为生物体的一个器官,整个城市体系可类比为整个生物体。所以城市体系某个局部的相对增长率应该与整个城市体系的相对增长率具有一个恒定比值。或者,一个生长体的某两个局部相对增长率也具有恒定的比值,例如生长体的两个变量为高度和质量,则这两个变量的相对增长率也应该具有恒定的比值。进一步推广,若这两个变量为城市的人口和城区面积,则两个变量的相对增长率也有恒定的比值,这个恒定的比值其实就称为异速生长系数。

"异"指不同,"异速"指速度相异。由于两个变量如城市土地和城市人口的相对增长速度的比值为恒定值,也就是常数,所以两个变量之间的绝对增长速度是不同的,即速度相异,所以称为"异速"。

城市"人地异速"即把人口和土地看作一个系统的两个变量,两者之间相对增长速度有恒定的比值,两者的绝对增长速度相异,同时,对两者相对增长速度恒定的比值给一个定义,称为异速生长系数。城市异速生长就是研究区域人口和土地的相对增长速度的恒定比值大小。不同地区,比值不同,即异速生长系数不同,根据异速生长系数,可以进一步考察人口和土地之间的关系。

异速生长模型本质上是考察系统内部要素之间或者要素与系统整体之间的比例增长关系,系统内部要素之间或者要素与系统整体之间的比例增长关系主要通过异速生长系数 b 来反映,异速生长系数 b 是两个研究要素的维度比,可为分数或者小数。城市人地异速生长模型的本质是考察城市系统内部两个要素即城市土地与城市人口之间的相对增长速度的比例增长关系,城市土地与城市人口之间的比例增长关系主要通过城市人地异速生长系数 b 来反映,城市人地异速生长模型中的异速生长系数 b 值是城市土地与城市人口两个维度的比,比值为 0.85,因而以 0.85 为界限,通过研究各个区域 b 值大小,并判断 b 值所对应的人地关系,进而研究该区域人口与土地的相对增长速度关系及协调发展关系。

2.2 城市人口-土地异速生长的一般模型

2.2.1 城市人地关系异速生长的数学函数

根据上面的异速生长的概念可以得知,从生物学的角度来看,异速生长是指一个有机体的两个器官相对增长率的比值为定值,若把有机体的两个器官分别看成是两个变量 y 和 x,则两个变量之间的相对增长率的比值为定值 b 可用如下数学公式表示:

$$(dy/y)/(dx/x) = b$$

或写为

$$dy/y = b \cdot dx/x \quad (2-7)$$

两边同时积分即有

$$\ln y = b \cdot \ln x + a_0$$

以 e 为底取对数,得

$$y = e^{(\ln x^b + a_0)} \quad (2-8)$$

幂指数形式为

$$y = K \cdot x^b \quad (K = e^{a_0}) \quad (2-9)$$

形如 $y = K \cdot x^b$ 这样的式子即为异速生长数学表达式,它有两层含义:第一,两个变量之间的相对增长率为常数,并且从式子 $(dy/y)/(dx/x) = b$ 中可得异速生长系数就是两个变量相对增长率的比值;第二,两个变量之间符合形如 $y = K \cdot x^b$ 的幂指数函数形式。

如果将这个有机体看成是城市,两个变量分别看成是表征城市土地和人口指标的建成区面积和市区人口,那么由一般意义上的异速生长方程可以得到表示城市土地和人口关系的异速生长方程,以下简称为人地关系异速生长方程。

当一般意义上的异速生长方程变量 y 和变量 x 分别代表城市土地(建成区面积)和城市人口(市区人口)时,便可得到表示城市土地和人口关系的异速生长方程。

把式子 $y=K\cdot x^b$ 进行变量替换,使得 $A=y$,$P=x$,其中 A 代表建成区面积,P 代表市区人口,则可以得到表示城市土地和人口关系的异速生长方程如下:

$$A=K\cdot P^b \qquad (2-10)$$

式子(2-10)即为表示城市人口和城市土地之间关系的异速生长关系方程,该方程表示:第一,城市土地和城市人口之间的相对增长率的比值为一个定值,$(dA/A)/(dP/P)=b$;第二,城市土地和城市人口之间符合幂指数关系,形式为 $A=K\cdot P^b$。

2.2.2 城市人地异速生长方程曲线

(1) 一般意义上的异速生长曲线

异速生长函数 $y=K\cdot x^b$ 表示两个变量之间相对增长率的比值为一个定值,同时两者之间符合幂指数关系。这种函数关系可以用异速生长曲线来加以表示。

把式子 $y=K\cdot x^b$ 两边取对数可以得到方程 $\ln y=\ln K+b\ln x$。若以 $\ln y$ 的值和 $\ln x$ 的值分别为纵轴和横轴作散点图,便可得到 $\ln y$ 和 $\ln x$ 的散点图,同时根据式子 $\ln y=\ln K+b\ln x$ 可知,点 $(\ln x,\ln y)$ 呈直线分布。具体图形如图 2-1 所示:

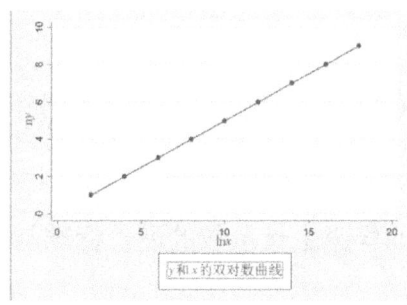

图 2-1 因变量 y 和自变量 x 的双对数曲线

该图表示,当变量 y 和变量 x 两者之间符合异速生长关系时,两者符合形如 $y=K \cdot x^b$ 的幂指数函数形式,对式子 $y=K \cdot x^b$ 两边取对数得到的方程 $\ln y = \ln K + b\ln x$ 的图形如图 2-1 所示,图 2-1 表示 $(\ln x, \ln y)$ 呈直线分布,即 x 和 y 的双对数曲线呈直线分布。

(2) 城市人地关系的异速生长曲线

从前面可以得知,根据一般意义上的异速生长方程,可以得到表示城市土地和人口关系的异速生长方程 $A=K \cdot P^b$。同样对该方程两边取对数,可得方程 $\ln A = \ln K + b\ln P$。若以 $\ln A$ 的值和 $\ln P$ 的值分别为纵轴和横轴作散点图,便可得到 $\ln A$ 和 $\ln P$ 的散点图,同时根据式子 $\ln A = \ln K + b\ln P$ 可知,点 $(\ln A, \ln P)$ 呈直线分布。具体图形如图 2-2 所示:

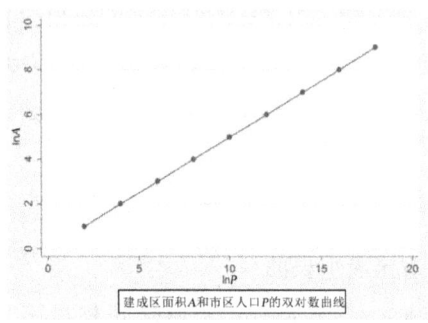

图 2-2　人地异速生长关系双对数曲线

图 2-2 表示城市土地和城市人口的异速生长关系的双对数曲线,城市土地面积和城市人口符合人地异速生长关系函数 $A=K \cdot P^b$,对该方程两边取对数可得方程 $\ln A = \ln K + b\ln P$,图 2-2 表示建成区面积的对数值 $\ln A$ 和市区人口的对数值 $\ln P$ 呈线性分布,即建成区面积 A 和市区人口 P 的双对数曲线呈直线分布。

2.3　城市人地异速生长的评价标准与生长类型

2.3.1　城市人地异速生长系数的评价标准与生长类型

在表示人地关系的异速生长方程 $A=K \cdot P^b$ 中,b 表示城市土地和城市人口两个变量相对增长率的比值,也称为异速生长系数。根据 b 值的大小,人地异速关系生长系数被分为三类,具体为正异速生长、负异速生长和同速生长。

表征人地关系的异速生长方程分类,以人口-土地维度比值为临界点,由前面分析可知土地的维数为1.7,人口的维数为2,所以表征人地关系的异速生长方程以0.85为分界点①。具体分类如下表2-2所示。

表2-2 城市人口-土地关系异速生长类别

异速生长类别	异速生长系数范围	人口-土地相关关系
正异速生长	$b>0.85$	土地相对增长速度大于人口相对增长速度
负异速生长	$b<0.85$	人口相对增长速度大于土地相对增长速度
同速生长	$b=0.85$	人口相对增长速度等于土地相对增长速度

第一类,正异速生长,此时异速生长系数$b>0.85$。当$b>0.85$时,根据式子$(dA/A)/(dP/P)=b$可得,变量A建成区面积的相对增长率大于变量P人口的相对增长率,此时变量A建成区面积的相对增长率与变量P人口的相对增长率相比较快,即城市用地扩张速度相对较大,大于城市人口的相对增长速度,城市用地向粗放、浪费、非集约方向发展。

第二类,负异速生长,$b<0.85$。当$b<0.85$时,根据式子$(dA/A)/(dP/P)=b$可得,变量A建成区面积的相对增长率小于变量P人口的相对增长率,此时A建成区面积的相对增长率较P人口的相对增长率为慢,即城市用地扩张的相对速度小于人口增长的相对速度,城市用地趋于节约集约化发展。

第三类,同速生长,$b=0.85$。当$b=0.85$时,根据式子$(dA/A)/(dP/P)=b$可得,变量A建成区面积的相对增长率等于变量P人口的相对增长率,此时A建成区面积的相对增长率与P人口的相对增长率相等,即城市用地扩张的相对速度等于人口的相对增长速度。

本书是基于异速生长理论来界定城市人口-土地的相对增长关系的,根据异速生长模型中的异速生长系数来度量城市化过程中人地关系的协调程度。当异速生长系数小于0.85时,为负异速生长,表现为人均用地面积随着人口规模的扩张而下降,此时城市土地集约利用;当异速生长系数等于0.85时,为同速生长,表明城市人口和城市土地面积同速增长,人均用地面积基本保持不变;当异速生长系数大于0.85时,为正异速生长,表现为人均用地面积随着人

---

① 陈彦光.分形城市系统的空间复杂性研究[D].北京:北京大学,2004.

口规模的扩张而上升,此时土地利用粗放不集约。为进一步清晰表明城市用地扩张和人口增长之间的异速生长协调关系,参照相关研究①,将异速生长系数进一步分为两大类,如表2-3所示。将正、负异速生长进一步分为六小类,其中正异速生长包括三类,即正异速三级土地显著扩张、正异速二级土地明显扩张、正异速一级人地基本协调;负异速生长包括三类,即负异速一级人口明显扩张、负异速二级人口显著扩张、负异速三级人地有所收缩。分类标准及其类型特征如表2-3所示。

表2-3 人地异速关系的协调性分级表

异速生长类型	异速级别	划分标准	人地协调度类型	人地关系特征
正异速生长	正异速三级	$3<b$	土地显著扩张	土地相对增长速度远远高于人口相对增长速度,人均建设用地大幅上升
	正异速二级	$1<b<3$	土地明显扩张	土地相对增长速度高于人口相对增长速度,人均建设用地小幅上升
	正异速一级	$0.85<b<1$	人地基本协调	土地相对增长速度稍高于人口相对增长速度
负异速生长	负异速一级	$0.5<b<0.85$	人口明显扩张	土地相对增长速度低于人口相对增长速度,人均建设用地小幅下降
	负异速二级	$0<b<0.5$	人口显著扩张	土地相对增长速度远远低于人口相对增长速度,人均建设用地大幅下降
	负异速三级	$b<0$	人地有所收缩	建成区面积和城区人口其中一个减少或同时减少

2.3.2 城市人地异速生长系数变动机理

简而言之,异速生长系数升降根本上讲是由人口增长率、人口增长率的改变量、土地增长率、土地增长率的改变量四个指标决定的(见表2-4)。人口增长率即人口增长速度,人口增长率越高则人口增长速度越快。人口增长率的

---

① 杨艳昭,封志明,赵延德,等.中国城市土地扩张与人口增长协调性研究[J].地理研究,2013,(9):1668-1678.

改变量主要表征人口增长率的变化方向,人口增长率的改变量大于零,表明人口增长率增加;人口增长率的改变量小于零,表明人口增长率下降。土地增长率为土地扩张速度,土地增长率越高则土地扩张速度越快。土地增长率的改变量主要表征土地增长率的变化方向,土地增长率的改变量大于零,表明土地增长率增加;土地增长率的改变量小于零,表明土地增长率下降。

表 2-4 异速生长系数上升下降解析表

异速生长系数上升	土地增长率变化,人口增长率变化	土地增长率上升,人口增长率下降
		土地增长率上升的幅度大于人口增长率上升的幅度
		土地增长率下降的幅度小于人口增长率下降的幅度
	土地增长率变化,人口增长率不变	土地增长率上升,人口增长率不变
		土地增长率下降,人口增长率不变
异速生长系数下降	土地增长率变化,人口增长率变化	土地增长率下降,人口增长率上升
		土地增长率上升的幅度小于人口增长率上升的幅度
		土地增长率下降的幅度大于人口增长率下降的幅度
	土地增长率不变,人口增长率变化	土地增长率不变,人口增长率上升
		土地增长率不变,人口增长率下降

异速生长系数上升主要有四种原因,分别如下。第一,土地增长率上升且人口增长率下降。土地增长率上升,人口增长率下降,两者变化方向相反,则表明土地扩张,人口紧缩,异速生长系数上升。第二,土地增长率上升的幅度大于人口增长率上升的幅度。土地增长率上升,人口增长率上升,但土地增长率上升的幅度要大于人口增长率上升的幅度,表明土地相对扩张速度快于人口相对扩张速度,异速生长系数上升。第三,土地增长率下降的幅度小于人口增长率下降的幅度。土地增长率下降,人口增长率下降,但土地增长率下降的幅度要小于人口增长率下降的幅度。虽然土地增长率和人口增长率都在下降,但两者增长率都为正值,表明土地和人口分别处于扩张和增长趋势,土地增长率下降的幅度小于人口增长率下降的幅度,即土地扩张的速度大于人口扩张的速度,异速生长系数上升。土地增长率下降幅度小,剩余的增长率反而大,人口增长率下降幅度大,剩余的增长率反而小,表明土地扩张的速度快于人口扩张的速度,异速生长系数上升。第四,土地增长率大于零,人口增长率不变。无论土地增长率改变量上升还是下降,只要土地增长率大于零,人口增长率不变,异速生长系数就上升。

异速生长系数下降有四种原因,分别如下。第一,土地增长率下降且人口增长率上升。土地增长率下降并且人口增长率上升,两个变化方向相反,表明土地紧缩,人口扩张,异速生长系数下降。第二,土地增长率上升的幅度小于人口增长率上升的幅度。土地增长率上升,人口增长率上升,但土地增长率上升的幅度要小于人口增长率上升的幅度,表明土地扩张速度慢于人口扩张速度,异速生长系数下降。第三,土地增长率下降的幅度大于人口增长率下降的幅度。土地增长率下降,人口增长率也下降,同时土地增长率下降的幅度要大于人口增长率下降的幅度。土地增长率下降幅度大,剩余的增长率反而小,人口增长率下降幅度小,剩余的增长率反而大,表明土地相对扩张的速度慢于人口相对增长的速度,异速生长系数下降。第四,人口增长率大于零,土地增长率不变。此时,无论人口增长率改变量上升还是下降,只要人口增长率大于零,土地增长率不变,异速生长系数就下降。

2.4 城市人地异速生长地域分异的分析架构

城市人地异速生长模型的理论分析框架是后面研究的基础,本书的城市人地异速生长地域分异的分析框架结构图概括如下(见图2-3):

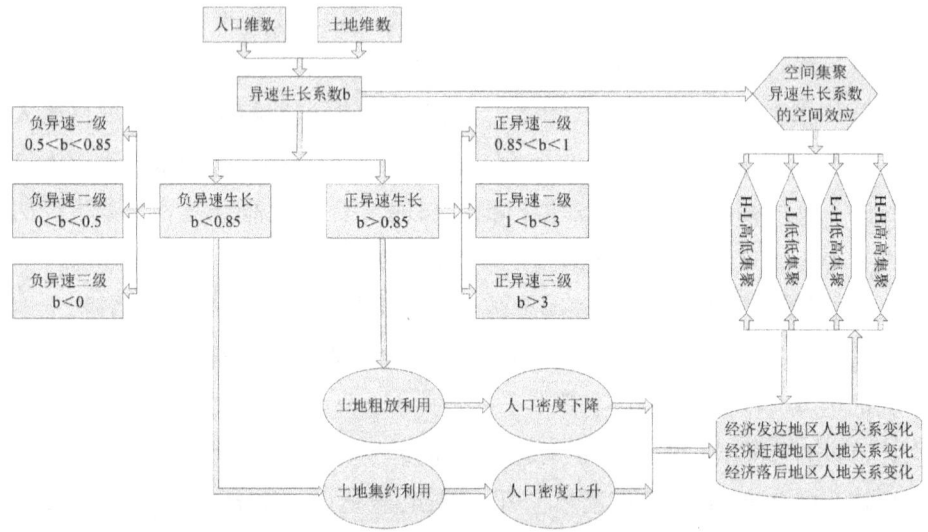

图2-3 人地异速生长地域分异理论框架

异速生长系数即异速生长维数由城市人口维度和城市用地维度共同决定,0.85是城市异速生长系数的临界值,小于0.85人地异速生长类型为负异速,大于0.85人地异速生长类型为正异速。其中负异速生长又可分为三种情况:第一种情况,异速生长系数$b<0$,称为负异速三级,人口土地均有所减少;第二种情况,异速生长系数$0<b<0.5$,称为负异速二级,人口显著扩张,人口的相对增长速度远远高于土地的相对增长速度;第三种情况,异速生长系数$0.5<b<0.85$,称为负异速一级,人口明显扩张,人口的相对增长速度高于土地相对增长速度。正异速生长也可分为三种情况:第一种情况,异速生长系数$0.85<b<1$,称为正异速一级,人地基本协调,人口的相对增长速度稍低于土地的相对增长速度;第二种情况,异速生长系数$1<b<3$,称为正异速二级,土地明显扩张,土地的相对增长速度高于人口的相对增长速度;第三种情况,异速生长系数$3<b$,称为正异速三级,土地显著扩张,土地的相对增长速度远远高于人口的相对增长速度。负异速生长将引起人口密度上升,土地有集约利用趋势;正异速生长将引起人口密度下降,土地有粗放利用趋势。正异速和负异速之间会相互转化,当异速生长系数上升时,负异速生长将转化为正异速生长;当异速生长系数下降时,正异速生长将转化为负异速生长。

异速生长系数具有集聚的空间分布特征,主要有H-H集聚、L-H集聚、L-L集聚和H-L集聚。处于莫兰散点图第一象限的H-H集聚区,大量城市为土地显著扩张型和土地明显扩张型。处于第二象限的L-H集聚区,主要以具有较低的异速生长系数数值的城市为中心,周边被具有较高的异速生长系数数值的城市所包围。主要城市类型为以人口快速增长型为中心,周边为其他类型异速生长系数较高城市。处于第三象限的L-L集聚区,主要以异速生长系数较低的城市为主。聚集城市人口数量出现下降趋势,人口增长率为负数,异速生长系数相应也为负,所以这些城市处于第三象限的L-L集聚区。处于第四象限的H-L集聚区,在空间上主要分布在自身异速生长系数较高、周边异速生长系数较低的城市,多与L-L集聚区人地有所收缩的城市相毗邻。

经济发达地区主要指中国东部,从经济增长质量、产业结构及经济增长的稳定性等方面来看,东部都较之全国水平领先,更好的人民生活水平必定会吸引外地人口的大量流入。根据异速生长模型,经济发达地区人口相对增长速度应该快于土地的相对增长速度,城市朝着高空发展。同时,人口增长速度越快,大于土地增长速度时,异速生长类型应属于负异速生长,生长系数小于0.85。由此假定经济发达地区的异速生长系数较小。

经济赶超地区主要指中国中部,"中部崛起"战略的实施大力拉动了中国经济的发展速度,中部地区人口流动幅度不大,在经济快速增长对人口增长和土地面积扩张的影响方面,土地面积扩张受到的影响应该更为明显。根据异速生长模型,经济赶超地区异速生长系数应该大于0.85,土地增长速度大于人口增长速度的为正异速生长类型,所以根据中部地区的经济发展现状及各方面因素综合考虑,可以假定中部赶超地区为正异速生长,土地增长速度大于人口增长速度。

经济落后地区主要指中国西部,西部地区人口流入较少,但随着其经济的日益发展,人口流出现象日益减缓;同时,在地广人稀的经济落后地区,即使随着经济发展,在城市化进程加速的背景下,土地扩张速度也没有明显增长趋势。土地增长速度基本保持不变;人口流出减少,人口流入较少,所以经济落后地区人口增长速度也基本保持不变。经济落后地区的土地相对增长速度应和人口相对增长速度持平,根据异速生长理论为同速增长,所以假定经济落后地区异速生长系数较趋近于0.85的临界值。

2.5 本章小结

首先,本章从异速生长理论的起源开始讨论,异速生长起源于生物学,随着城市地理学家引入城市地理学理论中。本章首先对异速生长给出内涵界定,异速生长的本质是一个比值,是一个系统的某部分和另一部分或者整个系统的相对增长速度的比值。异速生长系数临界值为0.85,本质上是土地维数和人口维数的比,这是由分维数计算得到的。根据分维理论:一个几何测度和另外一个几何测度维数不同,必须将其转换为相同的维数,才可以建立比例关系。将人口和土地两个维数不同的变量转化为相同的维数建立起比例关系,得到异速生长系数的临界值为0.85。

其次,本章对城市人地异速生长的一般模型进行讨论,通过推导得出人地异速生长关系的数学函数,当两个变量符合形如 $y=K \cdot x^b$ 的幂指数函数形式时,两个变量之间就存在异速生长关系。若将 $y=K \cdot x^b$ 进行变量替换,使 $A=$

y，$P=x$，其中 A 代表建成区面积，P 代表市区人口，则可以得到表示城市土地和人口关系的异速生长方程 $A=K \cdot P^b$。

再次，本章对城市人地异速生长系数给出评价标准及生长类型划分。在充分考虑城市化过程中城市用地扩张和人口增长之间关系的基础上，将正、负异速生长进一步分为六小类，其中正异速生长包括三类，即正异速三级土地显著扩张、正异速二级土地明显扩张、正异速一级人地基本协调；负异速生长包括三类，即负异速一级人口明显扩张、负异速二级人口显著扩张、负异速三级人地有所收缩。异速生长系数的上升或者下降主要由异速生长系数的受力大小决定，土地扩张力是影响异速生长系数上升的主要力量，人口增长力是影响异速生长系数下降的主要力量。当土地扩张力量强于人口增长力量时，异速生长系数上升；当人口增长力量强于土地扩张力量时，异速生长系数下降。

最后，本章致力于构建城市人地异速生长地域分异的理论分析框架，城市人地异速生长模型的理论分析框架是后面研究的基础。在理论分析框架中阐明异速生长系数维数的临界值由何决定、异速生长类型的划分、异速生长存在的空间集聚效应和对应的不同经济发展程度地区。

3 人地异速生长关系的宏观地域差异及其现实困境

在理论分析框架的基础上,本章从时间演化的角度,具体描述了全国宏观异速生长系数的时空变化及中国东部、中部、西部、东北地区四大板块的人地异速生长系数的时空变化特征。我国人地协调关系发展不平衡,导致异速生长系数呈现区域差异性变化的特征。全面系统地分析异速生长系数区域差异情况,有助于掌握我国异速生长系数的总体变化规律和人地协调关系的时空特点。

本章从时间维度首先分析了 2006—2016 年我国总体异速生长系数的增长情况,然后分析 2006—2016 年,我国东、中、西及东北四大板块异速生长系数之间的区域差异及时空演化特点。通过多层次的分析体系,较为系统地分析了异速生长系数的地域分异和时空演化特征。

3.1 全国城市人地异速生长关系的总体变化情况

3.1.1 数据来源及处理

异速生长系数区域差异分析数据来源于《中国城市建设统计年鉴》和《中国城市统计年鉴》2006—2016 年的城区人口及建成区面积数据。选取 2006—2016 年期间样本,主要有以下原因。第一,2006 年起,《中国城市建设统计年鉴》取消了 2006 年以前的市区非农业人口统计指标。考虑到指标选取的一致性,文章把

2006年作为起始年,随后选取10年指标进行研究。第二,2006年,中国城市化率高达44.3%,已进入城市化中期阶段,耕地安全压力巨大,人地矛盾日益紧张,城市化过程中城市人地协调发展关系已成为中国城市化能否持续、健康发展面临的重大问题。2006年以后中国城市化中期的人地矛盾面临巨大压力,厘清人地关系具有重大意义。第三,用城区人口表征城市人口,用城市建成区面积表征城市面积。城区人口是城市建成区内的人口,城区人口是最准确的城市人口概念。城市规模大小主要看中心城市建成区的人口规模。

在对地级市样本选取过程中,采用样本个体最优和样本研究期间最优的原则,为保证数据的时效性和准确性,对个别城市样本给予删除或插值。

对中国东、中、西及东北地区四大板块城区人口和建成区面积两个变量数据处理如下。第一,东部地区数据来源与处理。东部具体包括北京、天津、河北、山东、上海、江苏、浙江、福建、广东、海南10个省(市)区。有些城市多年数据缺失,若对所有缺失数据进行数据补齐,有失精准,所以对这些数据给予删除。做出数据删除的城市有:广东惠阳,江苏吴江、通州、江都、姜堰,山东胶南、兖州,浙江上虞。还有部分城市,数据缺失不严重,使用线性插值方式给予补齐:广东的高要、增城、从化在2015年城区人口缺失,线性插值补齐;阳江2006年城区人口缺失,线性插值补齐;河北的藁城、鹿泉2014年与2015年城区人口缺失,线性插值补齐;江苏金坛2015年城区人口缺失,线性插值补齐;上海2008年和2009年建成区面积缺失,线性插值补齐。第二,中部地区数据来源与处理。中部地区具体包括山西、江西、河南、安徽、湖北、湖南6个省区,中部地区主要对数据进行删除,删除数据的城市有:山西离石、江西共青城。第三,西部地区数据来源与处理。西部地区包括重庆、四川、陕西、贵州、云南、广西、甘肃、宁夏、内蒙古、青海、西藏、新疆12个省(市)区。西部地区做出数据删除的城市有云南丽江,新疆米泉,内蒙古集宁、临河,宁夏中卫,新疆阿拉尔、图木舒克,甘肃定西;西部地区线性插值的城市有甘肃庆阳、五家渠,广西来宾、崇左。第四,东北地区数据来源与处理。东北地区包括辽宁、黑龙江、吉林3个省区,东北地区做出数据删除的城市有黑龙江阿成;东北地区线性插值的城市有吉林省九台市、吉林市。

最终,文章结合中国城市化发展阶段,将样本时间区域定为2006—2016年,删除多年缺失数据的地级市,同时对个别年份数据缺失的城市给予线性插值,形成了 2006—2016 年中国 293 个地级及以上城市数据。

3.1.2 全国人地异速生长基本变化趋势

在对异速生长系数走势进行分解时,文章采用人口增长率、人口增长率改变量、土地增长率、土地增长率改变量、人口密度、人均建设用地面积六个指标进行分解。人口增长率即人口增长速度,是单位时间内人口数量的改变量,人口增长率越高则人口增长速度越快。土地增长率为土地增长速度,是单位时间内土地面积的改变量,土地增长率越高则土地扩张速度越快。人口密度是单位平方公里土地上人口数量的密集程度,人口密度越大则单位平方公里土地上拥有的人口越多。人均建设用地是每万人所占有土地面积的多寡,人均建设用地越大,则每万人所拥有的土地面积就越大。由于异速生长系数、人口增长率、土地增长率、人口密度、人均建设用地面积所分布的数值范围相差较大,放在同一图形中不能很好地表现各个指标的特征变化,所以分别用不同的图形进行描述。为了便于观察,将表 3-1 中人口增长率、人口增长率改变量、土地增长率和土地增长率改变量四个指标的数值分别乘以 100%;为真实反映上述指标的实际变化趋势,图 3-1 中相应指标没有做以上处理,即图中显示的为人口增长率、人口增长率改变量、土地增长率和土地增长率改变量的真实数值。

表 3-1　2006—2016 年全国异速生长系数及其变化分解

年份	异速生长系数	人口增长率/%	人口增长率改变量/%	土地增长率/%	土地增长率改变量/%	人口密度/(万人/平方公里)	人均建设用地/(平方公里/万人)
2006	0.925	−7.30	—	3.50	—	0.989	1.011
2007	0.914	0.70	8.00	5.40	1.90	0.947	1.056
2008	0.901	−0.30	−1.00	2.30	−3.10	0.922	1.084
2009	0.929	1.80	2.10	4.90	2.60	0.894	1.119
2010	0.925	3.90	2.10	5.10	0.20	0.883	1.132
2011	0.933	0.10	−3.80	8.90	3.80	0.812	1.231
2012	0.923	4.40	4.30	4.50	−4.40	0.812	1.232
2013	0.925	1.90	−2.50	5.00	0.50	0.788	1.269

续表

年份	异速生长系数	人口增长率/%	人口增长率改变量/%	土地增长率/%	土地增长率改变量/%	人口密度/(万人/平方公里)	人均建设用地/(平方公里/万人)
2014	0.92	2.30	0.40	4.00	−1.00	0.775	1.29
2015	0.925	2.20	−0.10	4.70	0.70	0.757	1.321
2016	0.928	2.22	0.20	4.95	0.25	0.753	1.323

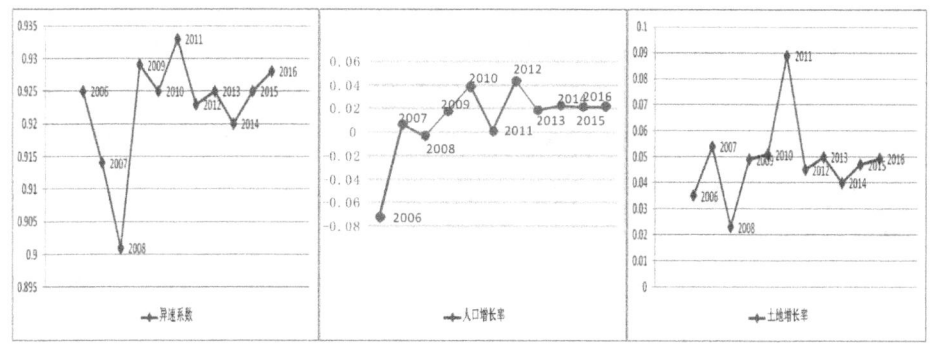

图 3-1　全国异速生长系数、人口增长率、土地增长率变化情况

2006—2016 年,全国总体异速生长系数变化不大,一直在 0.90 到 0.94 之间徘徊。从 2006—2008 年,异速生长系数呈现下降趋势,到 2008 年达到 0.901 最低点,2009 年异速生长系数有所回升;随后 2011—2014 年基本处于下降趋势,从 2014 年开始反弹。总体来说,全国异速生长系数数值一直位于 0.85 以上,属于正异速生长范围。

2006—2016 年,全国人口增长率整体呈现上升趋势,基本在 −0.08 到 0.04 之间徘徊。2008 年、2011 年、2013 年、2015 年,人口增长率呈现小幅下降趋势,其余年份都为上升趋势。人口增长率整体数值较低,其绝对值低于土地增长率的绝对值。

2006—2016 年,全国土地增长率整体变化不大,数值基本在 0.02 到 0.09 之间徘徊。2008 年,土地增长率有下降趋势,2011 年土地增长率大幅上升,全国整体土地增长率出现明显的升降交错现象,始年与末年异速生长系数整体变化不大。由图 3-2 可知,土地增长率的整体数值高于人口增长率的整体数值。

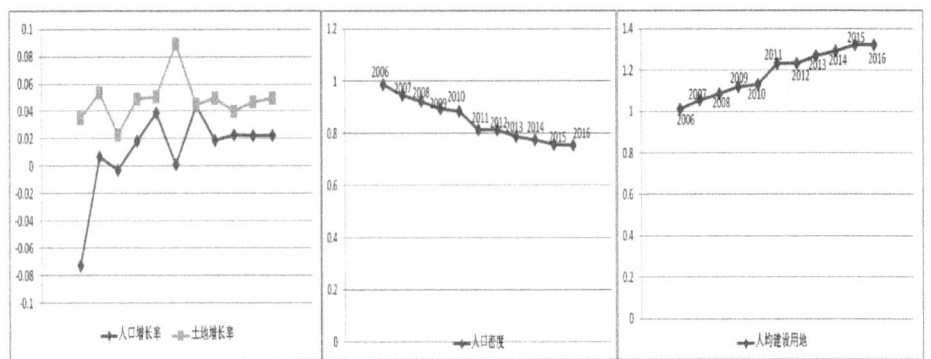

图 3-2 全国人口增长率、土地增长率、人口密度、人均建设用地变化情况

从2006—2016年人口密度数值一路下滑,下降特征明显。人口密度从2006年的每平方公里0.989万人,下降到2016年的每平方公里0.753万人。人口密度的下降趋势和人口增长率数值较低基本吻合,同时人口密度的下降趋势较明显。

从2006—2016年人均建设用地数值一路上升,上升特征明显。人均建设用地从2006年的每万人1.011平方公里,上升到2016年的每万人1.323平方公里。人均建设用地上升的趋势和土地增长率数值较高基本吻合,人均建设用地上升趋势明显。

3.1.3 全国人地异速生长指标分解

2006—2016年,全国异速生长系数主要呈现以下特征。第一,2006—2016年间,全国范围内异速生长系数均大于0.85,为正异速生长类型,正异速生长是由于土地的相对增长速度大于人口的相对增长速度所致。第二,2007年、2008年、2010年、2012年和2014年全国范围内人地异速生长系数出现下降趋势。2009年、2011年、2013年、2015年和2016年异速生长系数呈现上升趋势。

首先,2007年、2008年、2010年、2012年和2014年异速生长系数下降,主要是由三种原因引起。人口增长率和土地增长率都呈上升趋势,但人口增长率上升幅度大于土地增长率上升的幅度,异速生长系数下降;土地增长率和人口增长率都呈现下降趋势,但土地增长率下降幅度大于人口增长率下降幅度,异速生长系数下降;人口增长率上升,土地增长率下降,异速生长系数下降。

其中,2007年、2010年异速生长系数出现下降趋势,是由于人口增长率上升,土地增长率上升,但人口增长率上升的幅度大于土地增长率上升的幅度,因而异速生长系数下降。2007 年人口增长率增加了 8 个百分点,土地增长率增加了 1.9 个百分点,人口增长率上升幅度大于土地增长率上升的幅度;2010 年人口增长率增加了 2.1 个百分点,土地增长率增加了 0.2 个百分点,人口增长率上升幅度大于土地增长率上升的幅度。2008 年人地异速生长系数的下降是由于土地增长率和人口增长率都呈现下降趋势。人口增长率下降 1 个百分点,土地增长率下降 3.1 个百分点,土地增长率下降幅度大于人口增长率下降幅度,因而,2008 年异速生长系数下降。2012 年、2014 年,全国范围内异速生长系数下降是由于人口增长率上升、土地增长率下降所致。2012 年人口增长率上升了 4.3 个百分点,土地增长率下降了 4.4 个百分点,人口增长率上升,土地增长率下降,异速生长系数下降。2014 年人口增长率上升 0.4 个百分点,土地增长率下降 1 个百分点,人口增长率上升,土地增长率下降,异速生长系数下降。

其次,2009 年、2011 年、2013 年和 2015 年、2016 年异速生长系数上升,主要由两种原因所致。人口与土地增长率同时上升,但土地增长率上升幅度大于人口增长率上升幅度,异速生长系数上升;或者为人口增长率下降、土地增长率上升,异速生长系数呈现上升趋势。

其中,2009 年和 2016 年全国异速生长系数出现上升趋势,是由于人口增长率上升,土地增长率上升,但土地增长率的上升幅度大于人口增长率的上升幅度。2009 年人口增长率上升了 2.1 个百分点,土地增长率上升了 2.6 个百分点,土地增长率上升的幅度大于人口增长率上升的幅度,异速生长系数上升。2016 年人口增长率上升了 0.2 个百分点,土地增长率上升了 0.25 个百分点,土地增长率的上升幅度大于人口增长率的上升幅度。

2011 年、2013 年和 2015 年全国异速生长系数上升,都是由于人口增长率下降,土地增长率上升。2011 年人口增长率下降了 3.8 个百分点,土地增长率上升了 3.8 个百分点;2013 年人口增长率下降了 2.5 个百分点,土地增长率上升了 0.5 个百分点;2015 年,人口增长率下降了 0.1 个百分点,土地增长率上升了 0.7 个百分点。以上年份都是由于人口增长率下降、土地增长率上升,导致异速生长系数上升。

综上分析,从总体和历年变化趋势可以得到我国异速生长系数和人地协调关系主要有以下三个方面特征：

第一，2006—2016 年间，全国地区异速生长系数均大于临界值 0.85，异速生长类型都为正异速生长。在研究时期内，异速生长系数在 2011 年达到最高点 0.933，在 2008 年达到最低点 0.901，基本在 0.90~0.94 范围内徘徊，异速生长类型属于正异速生长，土地相对增长速度大于人口相对增长速度。

第二，2006—2016 年间，全国地区异速生长系数在 2008 年有大幅下降，但整体较为平稳，异速生长系数呈现逐年上下波动特征，始末年变化不大。全国地区异速生长系数在 2008 年大幅下降，主要是由于 2008 年中国受到全球金融危机影响，中国经济增长速度放缓趋势明显，土地增长率和人口增长率都呈现下降趋势。

第三，2006—2016 年间，全国地区异速生长系数整体偏高。全国异速生长系数在 0.9 到 0.94 之间波动。与后面四大板块研究结果相比可知，东部地区异速生长系数在 0.89 到 0.95 之间波动，中部地区异速生长系数在 0.88 到 0.932 之间波动，西部地区异速生长系数基本在 0.85 到 0.88 之间波动。与各个板块异速生长系数相比较，全国异速生长系数整体偏高。

3.2　人地异速生长关系的地域差异与时空变化

在分析了全国异速生长系数历年变化的基础上，结合我国区域规划发展战略、经济发展水平及地理格局，将全国划分为四大板块，分别是东部、中部、西部、东北部。分别对四大板块 2006—2016 年异速生长系数的历年变化情况及变化原因进行分解，进一步了解不同区域内异速生长系数的变化特征和人地协调关系的变化差异。

3.2.1　东部地区

（1）异速生长系数及分解指标总体变化

东部地区共涵盖 88 个地级市，以及北京、天津、河北、上海、山东、江苏、浙江、福建、广东、海南 10 个省（市）区，占样本观测总量的 30%。

表 3-2　2006—2016 年东部地区异速生长系数及其变化分解

年份	异速生长系数	人口增长率/%	人口增长率改变量/%	土地增长率/%	土地增长率改变量/%	人口密度/(万人/平方公里)	人均建设用地/(平方公里/万人)
2006	0.947	3.80	—	6.10	—	0.981	1.019
2007	0.948	3.10	-0.70	6.30	0.20	0.952	1.05
2008	0.949	-2.60	-5.70	4.40	-1.90	0.888	1.127
2009	0.934	1.70	4.30	4.80	0.40	0.862	1.161
2010	0.937	1.00	-0.70	5.10	0.30	0.829	1.207
2011	0.919	1.20	0.20	4.60	-0.50	0.801	1.248
2012	0.913	3.70	2.50	3.90	-0.70	0.822	1.216
2013	0.898	2.40	-4.30	3.90	0.00	0.811	1.234
2014	0.899	2.20	-0.20	4.20	0.30	0.795	1.258
2015	0.901	1.70	-0.50	4.60	0.40	0.773	1.293
2016	0.919	1.69	-0.10	4.66	0.06	0.762	1.311

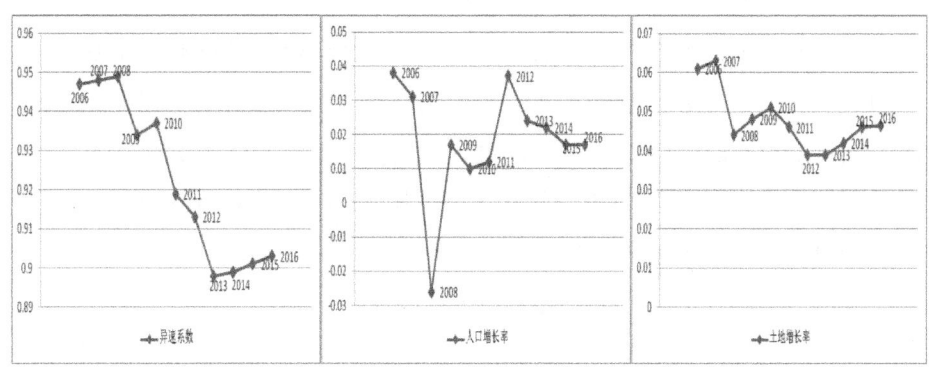

图 3-3　东部地区异速生长系数、人口增长率、土地增长率变化情况

从表 3-2 和图 3-3 可以看出,2006—2016 年,东部地区异速生长系数整体呈现明显下降趋势,上下波动不明显。2006 年、2007 年、2008 年这三年异速生长系数小幅上升,2008—2013 年异速生长系数持续下降,2014 年、2015 年和 2016 年异速生长系数小幅上升明显。东部地区异速生长系数基本在 0.89~0.95 徘徊,总体都在 0.85 以上,属于正异速生长类型,土地的增长速度大于人口的增长速度。

2006—2016年,东部地区人口增长率整体波动明显。2008年,人口增长率呈现大幅下降趋势,由2006年的3.8%下降到-2.6%。2010—2012年,人口增长率又持续上升。2012—2016年人口增长率又出现下降趋势。人口增长率整体数值较低,其绝对值低于土地增长率的绝对值。

2006—2016年,东部地区土地增长率整体呈现下降趋势。2006—2008年,土地增长率有小幅下降,2008—2010年,土地增长率小幅回升,2011—2012年,土地增长率出现明显的下降趋势,2012—2016年土地增长率小幅上升,但2006—2016年土地增长率总体呈下降趋势。

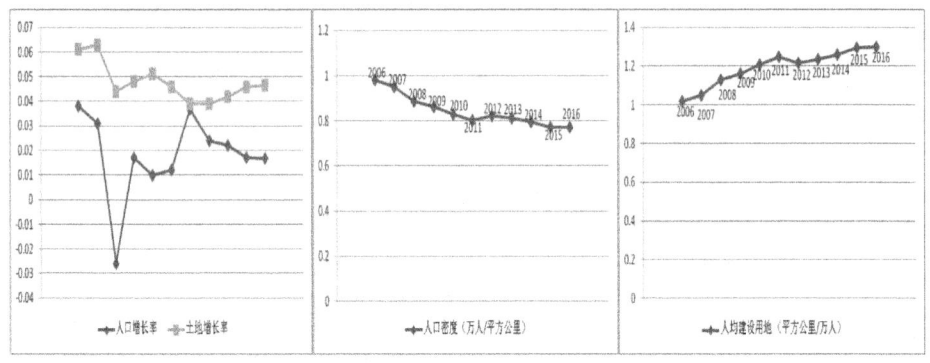

图 3-4　东部地区人口增长率、土地增长率、人口密度、人均建设用地变化情况

由图3-4可以看出,2006—2016年,东部地区的人口密度呈现规律的下降趋势,从2006年的每平方公里0.981万人,下降到2016年的每平方公里0.762万人。人口密度的下降趋势和人口增长率数值整体较低情况基本吻合,同时人口密度的下降趋势明显。

2006—2016年人均建设用地数值一路上升,上升特征明显。人均建设用地从2006年的每万人1.019平方公里,上升到2016年每万人1.311平方公里。人均建设用地上升的趋势和土地增长率数值较高基本吻合,人均建设用地上升趋势明显。

(2)异速生长系数及分解指标各年走势

2006—2016年,东部地区异速生长系数主要呈现以下特征。第一,2006—2016年间,东部范围内异速生长系数均大于0.85,为正异速生长类型,正异速生长是由于土地的相对增长速度大于人口的相对增长速度所致。第二,2009年、2011年、2012年和2013年东部地区异速生长系数呈现下降趋势;2007年、

2008年、2010年、2014年、2015年和2016年东部地区异速生长系数出现上升趋势。

首先，2009年、2011年、2012年和2013年东部地区异速生长系数下降，主要是由三种原因引起。第一种原因，人口增长率和土地增长率都呈上升趋势，但人口增长率上升幅度大于土地增长率上升的幅度，异速生长系数下降；第二种原因，人口增长率上升，土地增长率下降，异速生长系数下降；第三种原因，土地增长率不变，人口增长率虽下降但仍为正数，导致异速生长系数下降。

其中，2009年异速生长系数出现下降趋势，是由于人口增长率上升，土地增长率上升，但人口增长率上升的幅度大于土地增长率上升的幅度，导致异速生长系数下降。2009年东部地区人口增长率增加了4.3个百分点，土地增长率增加了0.4个百分点，人口增长率上升幅度大于土地增长率上升的幅度。2011年、2012年异速生长系数下降，是由于人口增长率上升，土地增长率下降。2011年人口增长率上升了0.2个百分点，土地增长率下降了0.5个百分点；2012年人口增长率上升2.5个百分点，土地增长率下降0.7个百分点。人口增长率上升，土地增长率下降，异速生长系数下降。2013年异速生长系数下降是由于土地增长率不变，人口增长率虽下降但仍为正值。2013年人口增长率下降4.3个百分点，土地增长率不变，人口增长率虽下降但仍为正数，导致异速生长系数下降。

其次，2007年、2008年、2010年、2014年、2015年、2016年东部地区异速生长系数出现上升趋势，主要由两种原因引起。第一种原因，人口增长率下降，土地增长率上升，导致异速生长系数上升；第二种原因是人口增长率和土地增长率同时下降，但人口增长率下降幅度大于土地增长率下降幅度，导致异速生长系数上升。

其中，2007年、2010年、2014年、2015年和2016年异速生长系数出现上升趋势，都是由于人口增长率下降，土地增长率上升，导致异速生长系数上升。2007年，人口增长率下降0.7个百分点，土地增长率上升0.2个百分点；2010年，人口增长率下降0.7个百分点，土地增长率上升0.3个百分点；2014年，人口增长率下降0.2个百分点，土地增长率上升0.3个百分点；2015年，人口增长率下降0.5个百分点，土地增长率上升0.4个百分点；2016年，人口增长率下降0.1个百分点，土地增长率上升0.06个百分点。以上年份都是由于人口增长率下降,土地增长率上升,导致异速生长系数上升。

2008年,东部地区异速生长系数上升是由于人口增长率和土地增长率同时下降,但人口增长率下降幅度大于土地增长率下降幅度。2008年人口增长率下降5.7个百分点,土地增长率下降1.9个百分点,人口增长率的下降幅度大于土地增长率的下降幅度。

综上分析,从总体和历年变化趋势得到东部地区异速生长系数和人地协调关系主要有以下三个方面特征:

第一,2006—2016年间,东部地区异速生长系数均大于临界值0.85,异速生长类型都为正异速生长。在研究时期内,异速生长系数在2008年达到最高点0.949,在2013年达到最低点0.898,基本在0.89~0.95范围内徘徊,异速生长类型属于正异速生长,表明2006—2016年东部地区的土地增长速度一直大于人口的增长速度,并且没有变化。

第二,2006—2016年间,东部地区异速生长系数有明显规律下降趋势。2006—2016年间东部地区异速生长系数一路下降,表明东部地区土地增长速度在逐渐下降,从土地增长率指标也可看出下降趋势,东部地区土地增长类型有着从正异速向负异速转变的趋势,即土地由粗放型使用向集约型使用转变。

第三,2006—2016年间,东部地区异速生长系数整体较高。东部地区异速生长系数在0.89~0.95波动;中部地区异速生长系数在0.88~0.932波动;西部地区异速生长系数基本在0.85~0.88水平波动。东部与中、西部相比较,异速生长系数整体较高。

3.2.2 中部地区

(1) 异速生长系数及分解指标总体变化

中部地区包括山西、安徽、江西、河南、湖北、湖南6个省区,共涵盖地级市83个,占样本观测总量的28%。

人口增长率的改变量和土地增长率的改变量为正数表示增长率增加,为负数表示增长率减少。

表 3-3　2006—2016 年中部地区异速生长系数及其变化分解

年份	异速生长系数	人口增长率%	人口增长率改变量/%	土地增长率/%	土地增长率改变量/%	人口密度/(万人/平方公里)	人均建设用地/(平方公里/万人)
2006	0.888	2.20	—	4.10	—	1.025	0.976
2007	0.903	−0.40	−2.60	4.80	0.70	0.974	1.027
2008	0.924	2.50	2.90	8.20	3.40	0.923	1.084
2009	0.923	2.40	−0.10	3.90	−4.30	0.909	1.1
2010	0.925	3.10	0.70	6.40	2.50	0.881	1.135
2011	0.928	3.00	−0.10	6.80	0.40	0.849	1.177
2012	0.926	1.50	−1.50	5.20	−1.60	0.819	1.221
2013	0.923	2.10	0.60	4.40	−0.80	0.801	1.249
2014	0.928	1.20	−0.90	3.60	−0.80	0.787	1.27
2015	0.930	3.50	1.60	5.90	2.30	0.778	1.286
2016	0.932	3.60	0.10	6.30	0.40	0.762	1.313

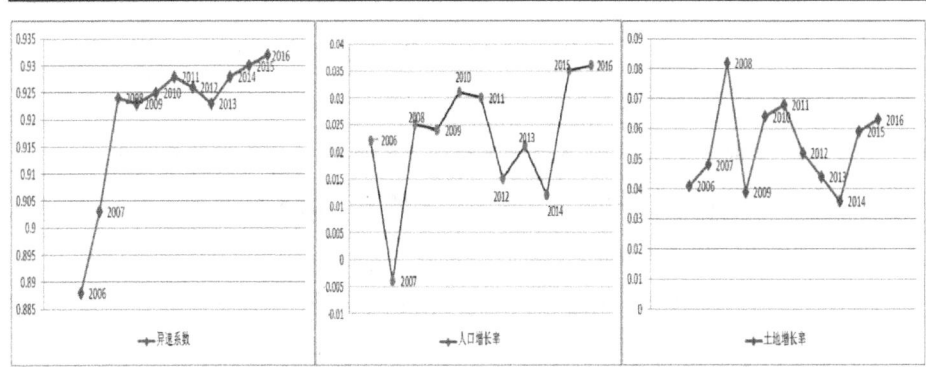

图 3-5　中部地区异速生长系数、人口增长率、土地增长率变化情况

从表 3-3 和图 3-5 可以看出,2006—2016 年,中部地区异速生长系数呈现明显的上升趋势。2007 年、2008 年这两年异速生长系数大幅上升,从 2008 年之后,异速生长系数在 0.92~0.932 徘徊,基本维持不变。2006—2016 年,异速生长系数总体都在 0.85 以上,属于正异速生长类型,土地的相对增长速度大于人口的相对增长速度。

2006—2016 年,中部地区人口增长率整体波动较大。2007 年,人口增长率呈现大幅下降趋势,为负数。2008年人口增长率回升至2006年水平。同时,2008—2011年,人口增长率小幅上升。2012年人口增长率下降到1.5%。从2012年开始,人口增长率反弹上升,趋势明显。人口增长率除2007年的极值最低点外,整体水平较低,低于土地增长率。

2006—2016年,中部地区土地增长率有较为明显的上下波动态势。2006—2008年,土地增长率有大幅上升,从2006年的4.1%上升至2008年的8.2%。从2008年开始土地增长率出现下滑趋势,2009—2011年小幅上升后,2011年开始又进一步下滑。2014年,土地增长率下滑到最低点3.6%,之后的2015年及2016年,土地增长率有小幅上升,但是上升幅度较小,在2016年上升至6.3%。

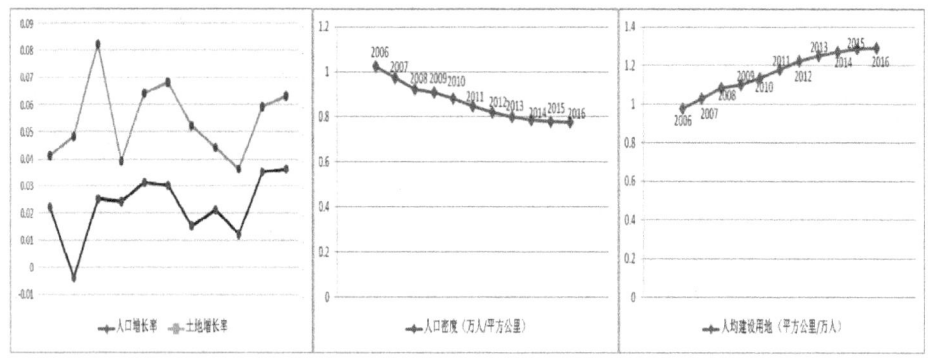

图3-6 中部地区人口增长率、土地增长率、人口密度、人均建设用地变化情况

从图3-6可以看出,2006—2016年,中部地区的人口密度呈现规律的下降趋势。从2006年的每平方公里1.025万人,下降到2016年的每平方公里0.762万人。人口密度的下降趋势和人口增长率数值整体较低基本吻合,同时人口密度的下降趋势明显。

2006—2016年,中部地区的人均建设用地数值一路上升,上升特征明显。人均建设用地从2006年的每万人0.976平方公里,上升到2016年的每万人1.313平方公里。中部地区人均建设用地上升的趋势和中部地区土地增长率数值较高基本吻合,人均建设用地上升趋势明显。

(2)异速生长系数及分解指标各年走势

2006—2016年,中部地区异速生长系数主要呈现以下特征。第一,2006—2016年间,中部范围内异速生长系数均大于0.85,为正异速生长类型,正异速生长是由于土地的相对增长速度大于人口的相对增长速度。第二,2009年、2012年、2013年中部地区异速生长系数呈现下降趋势;2007年、2008年、2010年、2011年、2014年、2015年和2016年中部地区异速生长系数出现上升趋势。

首先,中部地区异速生长系数下降,主要是由两种原因引起。第一种原因,人口增长率和土地增长率同时下降,但土地增长率下降的幅度大于人口增长率下降的幅度,导致异速生长系数下降;第二种原因,人口增长率上升,土地增长率下降,异速生长系数下降。

其中,2009年、2012年中部地区异速生长系数出现下降趋势,是由于第一种原因人口增长率和土地增长率同时下降,但土地增长率下降的幅度大于人口增长率下降的幅度。2009年,人口增长率下降0.1个百分点,土地增长率下降4.3个百分点,土地增长率下降幅度大于人口增长率下降幅度,异速生长系数下降;2012年,人口增长率下降1.5个百分点,土地增长率下降1.6个百分点,土地增长率下降幅度大于人口增长率下降幅度,异速生长系数下降。2013年中部地区异速生长系数下降,是由于第二种原因人口增长率上升,土地增长率下降。2013年中部地区人口增长率上升0.6个百分点,土地增长率下降0.8个百分点,人口增长率上升,土地增长率下降,导致异速生长系数下降。

其次,中部地区异速生长系数上升,是由三种原因引起。第一种原因,人口增长率下降,土地增长率上升,异速生长系数上升;第二种原因,人口增长率和土地增长率同时上升,土地增长率上升幅度大于人口增长率上升幅度,异速生长系数上升;第三种原因,人口增长率与土地增长率同时下降,但土地增长率下降幅度小于人口增长率下降幅度,异速生长系数上升。

其中,2007年、2011年中部地区异速生长系数上升,是由于第一种原因人口增长率下降、土地增长率上升所致。2007年中部地区人口增长率下降2.6个百分点,土地增长率上升0.7个百分点;2011年中部地区人口增长率下降0.1个百分点,土地增长率上升0.4个百分点。2008年、2010年、2015年和2016年中部地区异速生长系数上升是由于第二种原因,人口增长率和土地增长率同时上升,土地增长率上升幅度大于人口增长率上升幅度。2008年人口增长率上升2.90个百分点,土地增长率上升3.4个百分点;2010年人口增长率上升0.7个百分点,土地增长率上升2.5个百分点;2015年人口增长率上升1.6个百分点,土地增长率上升2.3个百分点;2016年人口增长率上升0.1个百分点,土地增长率上升0.4个百分点。2014年中部地区异速生长系数上升是由于第三种原因,人口增长率与土地增长率同时下降,但土地增长率下降幅度小于人口增长率下降幅度。2014年人口增长率下降0.9个百分点,土地增长率下降0.8个百分点,土地增长率下降幅度小于人口增长率下降幅度,异速生长系数上升。

综上分析,从总体和历年变化趋势得到中部地区异速生长系数和人地协调关系主要有以下两个方面特征:

第一,2006—2016年间,中部地区异速生长系数均大于临界值0.85,异速生长类型都为正异速生长。在研究时期内,异速生长系数在2006年达到最低点0.888,在2016年达到最高点0.932,基本在0.88~0.932范围内徘徊,异速生长类型属于正异速生长,表明2006—2016年中部地区的土地相对增长速度一直大于人口的相对增长速度,并且该状态持续未变。

第二,2006—2016年间,中部地区异速生长系数有明显规律上升趋势,从2006年的0.888上升至2016年的0.932,异速生长系数的持续上升表明,土地增长速度整体大于人口增长速度,中部地区土地使用有向粗放型使用方式发展趋势。

3.2.3 西部地区

(1) 异速生长系数及分解指标总体变化

西部地区涵盖87个地级市,具体包括重庆、四川、陕西、贵州、云南、广西、甘肃、青海、宁夏、内蒙古、西藏、新疆12个省(市)区,占样本观测总量的30%。

表3-4 2006—2016年西部地区异速生长系数及其变化分解

年份	异速生长系数	人口增长率/%	人口增长率改变量/%	土地增长率/%	土地增长率改变量/%	人口密度/(万人/平方公里)	人均建设用地/(平方公里/万人)
2006	0.86	2.00	—	4.00	—	0.969	1.032
2007	0.867	-0.70	-2.70	5.00	1.00	0.917	1.091
2008	0.864	2.10	2.80	4.40	-0.60	0.896	1.116
2009	0.878	1.80	-0.30	7.20	2.80	0.85	1.176

续表

年份	异速生长系数	人口增长率/%	人口增长率改变量/%	土地增长率/%	土地增长率改变量/%	人口密度/(万人/平方公里)	人均建设用地/(平方公里/万人)
2010	0.877	3.40	1.60	7.40	0.20	0.819	1.222
2011	0.878	3.10	-0.30	8.60	1.20	0.777	1.288
2012	0.87	4.10	1.00	6.00	-2.60	0.763	1.311
2013	0.876	1.30	-2.80	8.40	2.40	0.713	1.403
2014	0.857	5.00	3.70	5.30	-3.10	0.711	1.407
2015	0.876	3.30	-1.70	6.50	1.20	0.69	1.45
2016	0.931	5.30	2.00	8.69	2.19	0.687	1.456

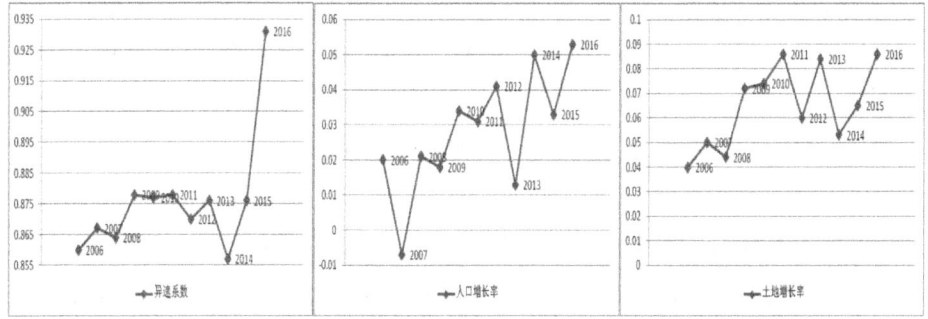

图 3-7 西部地区异速生长系数、人口增长率、土地增长率变化情况

从表 3-4 和图 3-7 可以看出，2006—2016 年，西部地区异速生长系数整体呈现上升趋势，但波动较为明显。2006—2007 年异速生长系数大幅上升；2009 年、2010 年、2011 年异速生长系数基本维持不变；2014 年异速生长系数下降明显，与 2013 年相比下降 0.019；随后 2015 年异速生长系数又恢复到 2013 年水平，2016 年大幅上升。异速生长系数基本在 0.85~0.88 徘徊，总体都在 0.85 以上，属于正异速生长类型，土地的相对增长速度大于人口的相对增长速度。

2006—2016 年，西部地区人口增长率整体呈现上升趋势。2007 年，人口增长率呈现大幅下降趋势，为负数。2008 年人口增长率回升至 2006 年水平。同时，从 2009 到 2012 年开始持续上升。2013 年有较大幅度下降，2014 年上升，2015 年又出现下降趋势，2016 年上升至最高点 5.3%。人口增长率整体数值较低，其绝对值低于土地增长率的绝对值。

2006—2016年,西部地区土地增长率整体呈现上升趋势。2006—2008年土地增长率有小幅上下波动,2008—2011年土地增长率开始大幅上升,2011—2016年土地增长率出现明显的升降交错现象,2014年土地增长率小幅下降,但2006—2016年土地增长率总体呈上升趋势。

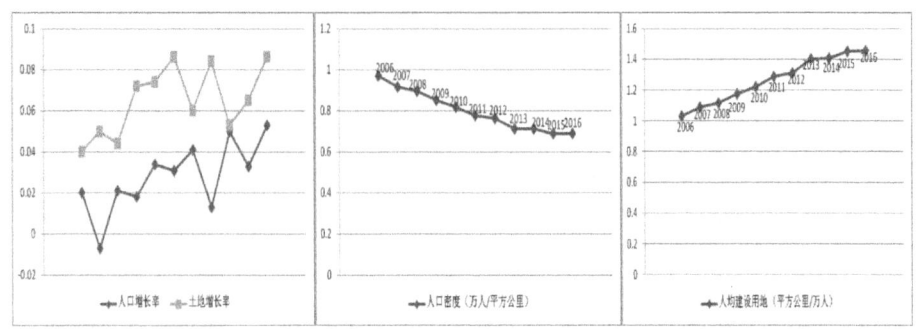

图3-8　西部地区人口增长率、土地增长率、人口密度、人均建设用地变化情况

从图3-8可以看出,2006—2016年,西部地区的人口密度呈现规律的下降趋势。从2006年的每平方公里0.969万人,下降到2016年的每平方公里0.687万人。人口密度的下降趋势和人口增长率数值整体较低基本吻合,同时人口密度的下降趋势明显。

2006—2016年,西部地区的人均建设用地数值一路上升,上升特征明显。人均建设用地从2006年的每万人1.032平方公里,上升到2016年的每万人1.456平方公里。人均建设用地上升的趋势和土地增长率数值较高基本吻合,人均建设用地上升趋势明显。

（2）异速生长系数及分解指标各年走势

2006—2016年,西部地区异速生长系数主要呈现以下特征。第一,2006—2016年间,西部范围内异速生长系数均大于0.85,为正异速生长类型,正异速生长是由于土地的相对增长速度大于人口的相对增长速度所致。第二,2008年、2010年、2012年和2014年西部地区异速生长系数呈现下降趋势;2007年、2009年、2011年、2013年、2015年和2016年西部地区异速生长系数呈现上升趋势。

首先,西部地区异速生长系数下降,主要是由两种原因引起。第一种原因,人口增长率上升,土地增长率下降,异速生长系数下降;第二种原因,人口增长率和土地增长率同时上升,但土地增长率上升的幅度小于人口增长率上升的幅度,导致异速生长系数下降。

其中,2008年、2012年、2014年西部地区异速生长系数出现下降趋势,是由第一种原因人口增长率上升、土地增长率下降引起。2008年人口增长率上升2.8个百分点,土地增长率下降0.6个百分点;2012年人口增长率上升1个百分点,土地增长率下降2.6个百分点;2014年人口增长率上升3.7个百分点,土地增长率下降3.1个百分点。2010年,西部地区异速生长系数出现下降趋势,是由于第二种原因人口增长率上升、土地增长率上升,土地增长率上升幅度小于人口增长率上升幅度。2010年人口增长率上升1.6个百分点,土地增长率上升0.2个百分点,异速生长系数下降。

其次,西部地区异速生长系数上升,主要是由两种原因引起。第一,人口增长率下降、土地增长率上升,导致异速生长系数上升;第二,土地增长率上升幅度大于人口增长率上升幅度,导致异速生长系数上升。

其中,2007年、2009年、2011年、2013年和2015年西部地区异速生长系数上升,均是由第一种原因人口增长率下降、土地增长率上升引起。2007年西部地区人口增长率下降2.7个百分点,土地增长率上升1个百分点;2009年西部地区人口增长率下降0.3个百分点,土地增长率上升2.8个百分点;2011年西部地区人口增长率下降0.3个百分点,土地增长率上升1.2个百分点;2013年西部地区人口增长率下降2.8个百分点,土地增长率上升2.4个百分点;2015年西部地区人口增长率下降1.7个百分点,土地增长率上升1.2个百分点。

2016年西部地区异速生长系数上升是由第二种原因引起。2016年人口增长率上升2.00个百分点,土地增长率上升2.19个百分点,土地增长率上升幅度大于人口增长率上升幅度,异速生长系数上升。

综上分析,从总体和历年变化趋势得到西部地区异速生长系数和人地协调关系主要有以下三个方面特征:

第一,2006—2016年间,西部地区异速生长系数均大于临界值0.85,异速生长类型都为正异速生长。在研究时期内,异速生长系数在2014年达到最低点0.857,在2016年达到最高点0.931,基本在0.85~0.88范围内徘徊,异速生长类型属于正异速生长,表明2006—2016年西部地区的土地相对增长速度一直大于人口的相对增长速度,没有变化。

第二,2006—2016年间,西部地区异速生长系数有明显规律上升趋势。从

2006 到 2013 年异速生长系数波动上升,2014 年异速生长系数出现下降趋势,2015 年及 2016 年继续上升。异速生长系数的上升表明土地相对增长速度整体大于人口相对增长速度,土地有向粗放型使用类型发展趋势。

第三,2006—2016 年间,西部地区异速生长系数整体较低。东部地区异速生长系数在 0.89~0.95 波动,中部地区异速生长系数在 0.88~0.932 波动,西部地区异速生长系数基本在 0.85~0.88 水平波动。西部与东、中部相比较,异速生长系数整体较低,表明在东部、中部、西部三个区域中,西部地区的土地相对扩张速度较慢。

3.2.4 东北地区

（1）异速生长系数及分解指标总体变化

东北地区包括辽宁、黑龙江、吉林 3 个省区,共涵盖 35 个地级市,占样本观测总量的 12%。

表 3-5　2006—2016 年东北地区异速生长系数及其变化分解

年份	异速生长系数	人口增长率/%	人口增长率改变量/%	土地增长率/%	土地增长率改变量/%	人口密度/（万人/平方公里）	人均建设用地/（平方公里/万人）
2006	0.944	2.60	—	1.50	—	0.987	1.013
2007	0.959	-1.60	-4.20	3.60	2.10	0.938	1.066
2008	0.955	0.40	2.00	2.70	-0.90	0.917	1.091
2009	0.965	0.40	0.00	3.80	1.10	0.887	1.127
2010	0.993	0.40	0.00	6.40	2.60	0.837	1.195
2011	0.992	2.80	2.40	2.90	-3.50	0.839	1.191
2012	0.995	0.60	-2.20	2.30	-0.60	0.825	1.212
2013	0.998	0.60	0.00	2.60	0.30	0.808	1.237
2014	0.987	0.80	0.20	1.50	-1.10	0.803	1.246
2015	0.988	0.20	-0.60	1.10	-0.40	0.795	1.258
2016	1.006	-1.02	-1.22	2.12	1.02	0.734	1.361

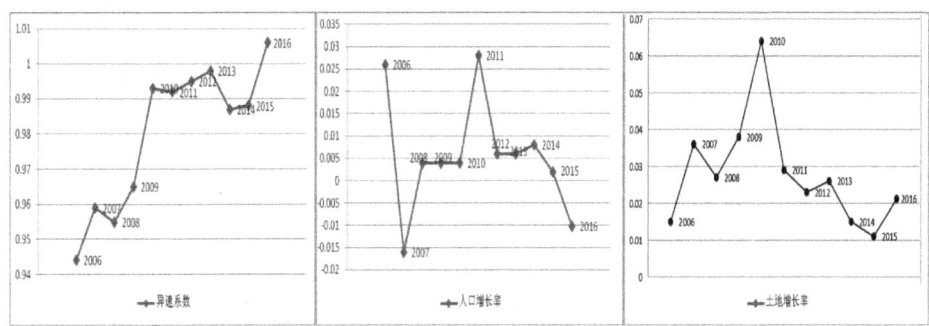

图 3-9　东北地区异速生长系数、人口增长率、土地增长率变化情况

从表 3-5 和图 3-9 可以看出，2006—2016 年，东北地区异速生长系数整体呈现上升趋势。2008 年异速生长系数小幅下降；2008—2013 年异速生长系数稳步上升；2014 年异速生长系数下降明显，随后 2015 年、2016 年异速生长系数又开始上升。异速生长系数基本在 0.94～1.006 徘徊，总体都在 0.85 以上，属于正异速生长类型，土地的相对增长速度大于人口的相对增长速度。

2006—2016 年，东北地区人口增长率个别年份波动明显，但整体较为平稳。2007 年，人口增长率呈现大幅下降趋势，为负数。2008 年人口增长率回升。2011 年人口增长率又大幅上升，随后的 2012—2016 年人口增长率整体呈下降趋势，2016 年已经下降为负值，表明东北地区人口流出现象严重。除去最高值和最低值，整体数值有下降趋势，同时，人口增长率绝对值低于土地增长率的绝对值。

2006—2016 年，东北地区土地增长率整体呈现上升又回落走势。2006—2010 年，土地增长率上升趋势明显，2010—2015 年土地增长率开始回落，2016 年又开始上升。东北地区土地增长率起始年和末尾年数值基本保持不变，起始年和末尾年东北地区土地增长率数值较低，中间年份土地增长率相对较高。

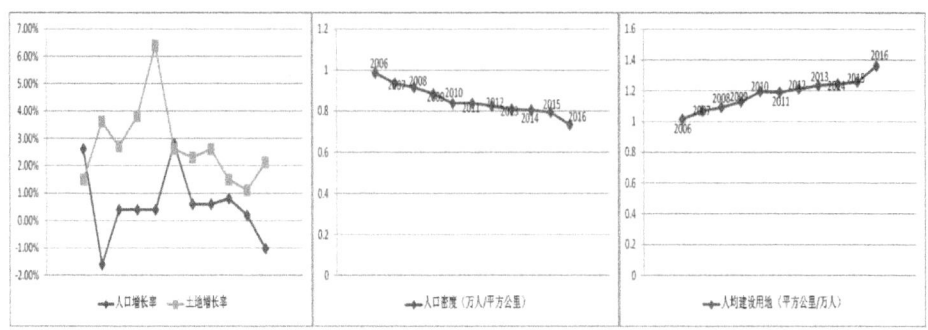

图 3-10　东北地区人口增长率、土地增长率、人口密度、人均建设用地变化情况

从图 3-10 可以看出，2006—2016 年，东北地区的人口密度呈现规律的下降趋势。从 2006 年的每平方公里 0.987 万人，下降到 2016 年的每平方公里 0.734 万人。人口密度的下降趋势和人口增长率数值整体较低基本吻合，同时人口密度的下降趋势明显。

2006—2016 年人均建设用地数值一路上升，上升特征明显。人均建设用地从 2006 年的每万人 1.013 平方公里，上升到 2016 年的每万人 1.361 平方公里。人均建设用地上升的趋势和土地增长率数值较高基本吻合，人均建设用地上升趋势相对明显。

（2）异速生长系数及分解指标各年走势

2006—2016 年，东北地区异速生长系数主要呈现以下特征。第一，2006—2016 年间，东北范围内异速生长系数均大于 0.85，为正异速生长类型，正异速生长是由于土地的相对增长速度大于人口的相对增长速度所致。第二，2008 年、2011 年和 2014 年东北地区异速生长系数呈现下降趋势；2007 年、2009 年、2010 年、2012 年、2013 年、2015 年和 2016 年东北地区异速生长系数呈现上升趋势。

首先，东北地区异速生长系数下降，主要是由一种原因引起，即人口增长率上升，土地增长率下降。

其中，2008 年、2011 年和 2014 年异速生长系数出现下降趋势，是由人口增长率上升、土地增长率下降引起。2008 年人口增长率上升 2 个百分点，土地增长率下降 0.9 个百分点；2011 年人口增长率上升 2.4 个百分点，土地增长率下降 3.5 个百分点；2014 年人口增长率上升 0.2 个百分点，土地增长率下降 1.1 个百分点。人口增长率上升，土地增长率下降，异速生长系数下降。

其次,东北地区异速生长系数上升,主要是由三种原因引起。第一种原因,人口增长率不变,土地增长率上升,异速生长系数上升;第二种原因,人口增长率和土地增长率同时下降,但人口增长率下降幅度大于土地增长率下降幅度;第三种原因,人口增长率下降,土地增长率上升。

其中,2009年、2010年、2013年东北地区异速生长系数上升,均是由第一种原因人口增长率不变、土地增长率上升引起。2009年东北地区人口增长率不变,土地增长率上升1.1个百分点;2010年东北地区人口增长率不变,土地增长率上升2.6个百分点;2013年东北地区人口增长率不变,土地增长率上升0.3个百分点。2012年和2015年东北地区异速生长系数上升,是由第二种原因人口增长率和土地增长率同时下降,但人口增长率下降幅度大于土地增长率下降幅度引起。2012年东北地区人口增长率下降2.2个百分点,土地增长率下降0.6个百分点;2015年人口增长率下降0.6个百分点,土地增长率下降0.4个百分点。人口增长率下降幅度大于土地增长率下降幅度,异速生长系数上升。2007年、2016年东北地区异速生长系数上升,是由第三种原因人口增长率下降、土地增长率上升引起。2007年东北地区人口增长率下降4.2个百分点,土地增长率上升2.1个百分点;2016年东北地区人口增长率下降1.22个百分点,土地增长率上升1.02个百分点。

综上分析,从总体和历年变化趋势得到东北地区异速生长系数和人地协调关系主要有以下三个方面特征:

第一,2006—2016年间,东北地区异速生长系数均大于临界值0.85,异速生长类型都为正异速生长。在研究时期内,异速生长系数在2016年达到最高点1.006,在2006年达到最低点0.944,基本在0.94~1.006范围内徘徊,异速生长类型属于正异速生长,表明2006—2016年东北地区的土地相对增长速度一直大于人口的相对增长速度,异速生长类型没有变化。

第二,2006—2016年间,东北地区异速生长系数有明显规律上升趋势。2006—2013年间异速生长系数持续上升,2014年异速生长系数出现小幅下降趋势,2015年、2016年继续上升。异速生长系数的上升表明土地增长速度整体大于人口增长速度,土地有向粗放型使用类型发展趋势。

第三,2006—2016年间,东北地区异速生长系数整体较高。东部地区异速生长系数在0.89~0.95波动,中部地区异速生长系数在0.88~0.932波动,西部地区异速生长系数基本在 0.85~0.88 水平波动,东北地区异速生长系数在 0.94~1.006 波动。东北部与东、中、西部相比较,异速生长系数整体较高。

3.3 城市人地异速生长面临的现实困境

通过对中国 2006—2016 年城市化过程中人地异速关系的时空分析可知,中国全国范围内异速生长系数均大于 0.85,处于正异速生长阶段,表明从全国宏观尺度上,土地相对增长速度大于人口相对增长速度,土地城市化快于人口城市化。东、中、西及东北四大板块异速生长系数均大于 0.85,四大板块也分别处于正异速生长阶段,土地相对增长速度大于人口相对增长速度。土地城市化快于人口城市化主要是由中国目前存在土地制度和户籍制度双重障碍引起。

在中国现行土地制度和户籍制度双重制度障碍下,城市发展虽伴随着基础设施现代化水平不断提高,但不能真正意义上吸收农村人口及外来人口,城市的集聚效应被大幅浪费,城市化率提高较为缓慢[1]。中国城市化现在面临的现实困境主要有以下两个方面。

3.3.1 中国城市化过程中"化地不化人"现象

陈栋是中国著名区域经济和城市规划领域权威,他曾经指出"中国城市化的主要问题是化地不化人"[2]。从城市化本质看,城市化包括两重任务,如图 3-11 所示。第一重任务是城市化率水平的不断提高,城市化率的提高即图中的纵轴,也可理解为城市人口的增加。在城市经济集聚效应下,有较强城市竞争力的城市对人口有巨大吸引力,农村人口向城市流入并定居,城市人口数量不断扩张,在总人口中的比重不断增加。第二重任务是城市化的不断进行。城市现代化水平的不断进行即图中的横轴,也可理解为城市土地的不断扩张,具体指城市居民生活水平提升、社会文化生活丰富与城市基础设施完善。

---

[1] 文贯中.吾民无地:城市化、土地制度与户籍制度的内在逻辑[M].北京:东方出版社,2014:21-37.

[2] 2010 年 12 月 18 日上午,陈栋先生在安徽大学召开的"第四次全球产业转移浪潮下皖江城市带产业承接战略与对策国际研讨会"上发表的讲话。

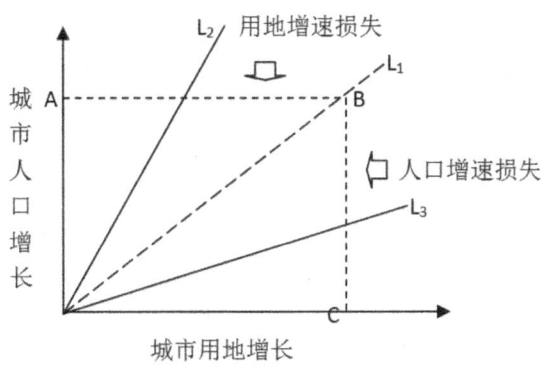

图 3-11　城市用地与人口增长的合理比例

在以市场为导向,人口、土地与资本这些生产要素能够自由流动的城市化过程中,随着城市化水平提高,城市土地持续扩张,此时城市会增强对农村人口的吸收与消化能力。城市化的两重任务即人口增加和土地扩张之间的关系应该是相互包容、互相促进、同时进行。具体表现为城市化率的提升会吸引丰沛的人力与资本等生产要素的流入,在城市集聚效应促使下,人口与资本等生产要素的流入又会促进城市化水平的合理提升,即城市土地有序扩张。

但在一些不完善的特殊制度结构下,城市化的双重任务会相互排斥、互不包容,主要包括两种情况。第一种情况是城市的现代化水平不断提高,但这种提高是单维度的提高。城市用地面积不断扩张,但此时城市没有强大的能力吸收外来农村人口的流入,这会导致城市人口增长相对缓慢,即城市化率的提高相对减缓,这种城市现代化会蜕变成排外性的城市自我现代化。相反,第二种情况是在另一些不完善的特殊制度下,城市化率提高过快,城市人口增长速度较高。但城市现代化水平发展速度缓慢,结果导致贫民窟扩大化、基础设施陈旧、"鬼城"等城市问题。

在图 3-11 中,L_1 代表了城市扩张过程中城市化的双重任务相互包容、和谐发展的过程,在 L_1 上,城市人口增长率和城市用地水平扩张率保持合理比例。在该比例上,城市的集聚效应达到最大限度作用的发挥,城市的人口规模由集聚效应的边际收益曲线和边际成本曲线的交点决定,当边际效应等于边际成本时,市场配置效率达到最高,并实现人地均衡发展。L_3 表示城市用地水平高于城市人口规模的情况,即土地的相对增长速度大于人口的相对增长速度。L_2 表示城市人口规模高于城市用地水平的情况,即人口的相对增长速度大于土地的相对增长速度。

国家城市化过程中,贫民窟可为农民提供低成本的进城机会,并使其共同享有城市的集聚效应带来的各种便利。若采取行政手段强行禁止贫民窟的客观出现,便会剥夺农民通过贫民窟方式低成本地走进城市的权利。若土地发展速度过快,城市化过程中便会出现严重的"化地不化人"问题,人气不足,但土地和资本过度密集,会进一步加剧城乡差距,从而使城市化丧失真正意义。

中国目前的城市化正是"化地不化人"的城市化,中国改革开放40年以来,城市化取得了举世瞩目的成绩,人均建成区面积从2005年1.032平方公里/万人,扩张到2016年1.323平方公里/万人。然而城市人口的增长和土地扩张不同步,即中国异速生长系数整体大于0.85,并继续向正异速趋势发展。根据官方以城镇常住人口计算,中国2008年约有2.3亿农民在城市打工,但他们很难真正享有当地的教育、养老、就业、住房等社会保障资源,大部分农民最终只能重返农村,所以这部分农民只是暂住在城市,并不应被纳入到真正的城市化人口中去。中国城市化率提高速度远远低于城市建成区扩张速度,即中国城市化率与城市现代化速度严重脱节,也可理解为中国城市土地扩张速度远远大于人口增长速度。

中国城市化率(城市人口的增长)和城市现代化水平(城市用地面积的扩张)已经严重脱节,城市化的双重任务没有相互包容、互相促进。中国城市现代化水平虽然极大提高,但这种城市现代化水平是建立在对农村人口的排斥之上的自我城市现代化,这种现代化称为自我蜕变的现代化。自我蜕变的现代化必然会导致城市经济集聚效应浪费。同时,这种蜕变的自我城市化的主要特征是大量土地集聚和资金的粗犷、外延式扩张。自我城市现代化虽然在短期内可大幅提高GDP,但本质上却陷入排斥外来农村人口并走入加剧延缓真实城市化的误区。

3.3.2 城市土地行政化配置现象

农村人口自由迁徙和定居受到传统的户籍制度的极大限制,这使得农民进入城市并实现定居概率下降,主要表现在两个方面。第一,城乡户籍转化制度的限制极大提高了农民进城定居的成本,并真正意义上排斥农民进城定居。在上海,户籍申请者被要求满足参加上海城镇社会保险满7年,并同时被聘为中级以上专业技术职务或者具有技师以上职业资格等条件①。第二,进城打工的农民不享有和城市居民同等的获取城市教育、医疗、就业、养老的权利。本质上,户籍制度在限制城乡居民的自由流动的同时,也限制了不同地域之间居民的自由流动,进而限制外来人口真正意义上的城市化,使得城市现代化被迫蜕变为自我城市现代化。

现行土地制度下,地方政府垄断土地市场供给,是城市土地市场上唯一的买家与卖家。土地资源配置采用类似中央对地方予计划经济体制的分配方式,在确立全国性年度土地指标基础上,有计划地向各地方做出行政配置。

省市级又通过采用同样的行政计划配置方式,将分解后的土地指标分配到各个区县。然后,区县单位根据土地指标有计划地进行实际征收与征用土地。这种带有计划经济体制的土地分配制度存在一定的弊端,将会引起中国的经济-社会结构性失衡。

3.4 本章小结

本章通过异速生长模型,结合四大板块各个年份的城区人口及建成区面积,对其进行幂指数拟合后,首先分析了全国异速生长系数整体随时间变化呈现的特征趋势,随后重点分析了东部、中部、西部及东北地区四大板块异速生长系数随时间变化的趋势特征,对全国及东部、中部、西部和东北地区四大板块异速生长系数时空走势变化特征及原因分析后,根据表3-6及图3-12可得到以下四个结论。

表3-6 四大板块异速生长系数的统计性描述

区域	最大值	最小值	均值	标准差
东部	0.949	0.898	0.924	0.020
中部	0.932	0.888	0.921	0.013
西部	0.931	0.857	0.876	0.020
东北	1.006	0.944	0.980	0.021

---

① 上海市人民政府关于印发《持有〈上海居住证〉人员申办本市常住户口办法》的通知(沪府规〔2019〕45号)。

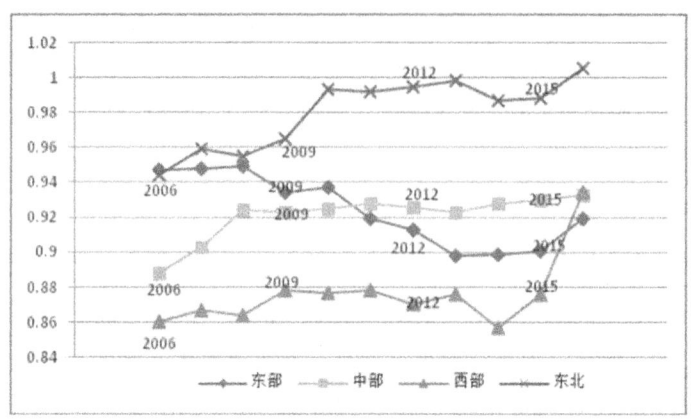

图 3-12　四大板块异速生长系数综合变化情况

第一,2006—2016 年,全国范围异速生长系数均大于 0.85,处于正异速生长阶段,表明从全国宏观尺度上,土地相对增长速度大于人口相对增长速度。在该阶段,土地城市化快于人口城市化,城市建设用地趋于粗放化态势。2016 年我国人均建设用地面积为每万人 1.323 平方公里,远远高于国家规定的人均城市建设用地的上限标准;同时,人口密度由 2006 年的每平方公里 0.989 万人下降至 2016 年的每平方公里 0.753 万人,人口密度总体偏低并呈现下降趋势。二线、三线城市大量出现的"鬼城""空城"是浪费和闲置城市建设用地的体现。

第二,2006—2016 年,四大板块异速生长系数均大于 0.85,处于正异速生长阶段,土地相对增长速度大于人口相对增长速度。其中,东部地区异速生长系数波动范围在 0.89~0.95,中部地区异速生长系数波动范围在 0.88~0.932,西部地区异速生长系数波动范围在 0.85~0.88,东北地区异速生长系数波动范围在 0.94~1.006。东部地区异速生长系数有下降趋势,土地使用类型有向集约形态转化趋势;中部、西部及东北地区异速生长系数均表现为上升趋势,表明中部、西部及东北地区土地使用类型均以粗放使用为特征,并有进一步加重趋势。

第三,2006—2016 年,四大板块异速生长系数由高到低顺序依次为东北、东部、中部、西部。东北地区异速生长系数均值最高,异速生长系数均值为 0.978;排名第二的是东部地区,异速生长系数均值为 0.925;排名第三的是中部地区,异速生长系数均值为 0.920;排名最后的是西部地区,异速生长系数均值为 0.87。研究期间,异速生长系数从东向西不断递减,与我国经济发展水平由东向西逐级递减有关。东部地区经济发展水平较高,人口增长率较高,人口增长速度较快;同时,土地增长率呈现下降趋势,东部地区异速生长系数整体呈现下降趋势。中部地区从 2011 年开始,异速生长系数首次高于东部地区。从 2011 年开始,中部地区的城市建设用地规模大幅度扩张,建设用地开发全面扩展。然而,西部地区在地理格局、自然环境等外部条件背景下,经济发展速度一直相对缓慢,"西部大开发"战略提出后,西部经济加速发展,城市化进程被有力推动,城市建设日趋繁荣。2006—2016 年,西部地区异速生长系数处于持续增长态势。东北地区人口增长率在四大板块中均值最低,平均只有 0.72%,与较低的人口增长率相比,东北地区土地增长率相对较高,决定了东北地区异速生长系数整体较高,土地的增长速度远远高于人口的增长速度。

第四,2006—2016 年,除去东部地区异速生长系数有下降趋势外,东北、中部及西部地区的异速生长系数基本都呈现逐年上升趋势。其中,东北和中部地区上升趋势较为明显,东北和中部地区异速生长系数的标准差分别为 0.019 和 0.013,标准差相对较高,表明异速生长系数最大值和最小值相差较大,异速生长系数上升幅度明显;西部地区异速生长系数上升较为缓慢,西部地区异速生长系数标准差为 0.007,标准差最小,表明西部地区异速生长系数变化幅度最小。异速生长系数唯一有下降趋势的为东部地区,东部地区异速生长系数有明显下降特征,其异速生长系数标准差为 0.02,位居四大板块之首,表明东部地区异速生长系数最高值和最低值相差较大,波动较为明显,下降趋势明显。

总之,中国目前整体的土地城市化快于人口城市化,以及中国和东、中、西、东北四大板块的正异速生长的现实困境主要表现在中国现行的土地制度和户籍制度的双重性制度障碍,大量农村人口和外来人口无法被城市真正吸收,城市化的经济集聚效应明显浪费,真正的城市化率提高缓慢。

4
人地异速生长的空间局域差异及空间关联性

中国各个地级市的异速生长系数在空间上具有异质性特点,已有文献较少从空间角度对各个地级市的异速生长系数空间差异进行系统分析。本章在第 3 章宏观视角下,着重关注四大板块异速生长系数的地域差异特征,以及在对人地异速生长的现实困境分析的基础上,结合空间探索性数据分析方法,从局域视角入手,对三大都市圈的异速生长空间差异及空间关联性做进一步深入研究。

Tobler 指出"地球上的所有地理区位是彼此联系的,彼此邻近的区位与较远的区位相比有更强的相互联系"[1];Anselin 指出"几乎所有的空间数据都具有空间依赖性或空间自相关的特征"[2]。冯云廷指出"地球上的任何一个城市和区域都不可孤立地存在。区域上的空间相互作用和对外联系把空间上彼此分离的城市和区域结合成具有一定结构和功能的有机整体"[3]。

本章首先分析全国 293 个地级及以上城市的人地异速协调关系分布特征,然后对这 293 个地级及以上城市异速生长系数的空间关联性进行探讨。随后将研究区域缩小在微观层面,具体并重点分析了长三角、珠三角、京津冀三大都市圈的城市人地异速协调关系的分布特征和空间关联性。

---

[1] TOBLER W R. A computer movie simulating urban growth in the Detroit region [J]. Economic Geography, 1970, 46(2): 234-240.
[2] ANSELIN L. Spatial Econonetrics: Methods and Models[M]. Dordrecht: Springer, 1988.
[3] 冯云廷. 区域经济学[M]. 大连: 东北财经大学出版社, 2013: 154.

4.1 研究方法

本章主要采用 ESDA 分析方法,即空间数据探索性分析方法(Exploratory Spatial Data Analysis,简称 ESDA)对全国及三大都市圈的异速生长系数空间关联性进行研究。研究数据的空间相关性以及空间异质性是 ESDA 分析方法的重点研究内容,空间权重矩阵设定和空间自相关指数及莫兰指数的分析,是 ESDA 方法中常用的主要分析工具。

4.1.1 空间权重矩阵

在 ESDA 分析方法中,"邻近"是指观测与被观测单元之间的边界有共同区域。被观测单元的分析结果受到邻近区域观测值的影响。空间上的邻近关系用空间权重矩阵加以描述。空间权重矩阵建立通常有两种设定方式:基于邻接或基于距离。若被观测单元之间有公共边界,则认为被观测单元之间相邻。

$$W_{ij} = \begin{cases} 1 & \text{如果观测单元 } i \text{ 和观测单元 } j \text{ 有公共边界} \\ 0 & \text{如果观测单元 } i \text{ 和观测单元 } j \text{ 没有公共边界} \end{cases}$$

或给定距离判断值,若观测单元在彼此给定距离的判断值之内,则 $W_{ij}=1$,即

$$W_{ij} = \begin{cases} 1 & \text{如果 } d_{ij} \leq \delta \\ 0 & \text{如果 } d_{ij} > \delta \end{cases}$$

W_{ij} 是观测单元 i 和 j 之间的空间权重矩阵,d_{ij} 是观测单元 i 和 j 之间的地理距离,δ 是距离的判断值。

Cliff 和 Ord 构建了包括两个观测单元之间相互作用的模型,扩展了简单的二元邻近概念,建立了空间权重的综合观测方法①,空间权重可具体表示为

$$W_{ij} = d_{ij}^{-a} \beta_{ij}^{b} \tag{4-1}$$

β_{ij} 是观测单元 i 和 j 之间的公共边界比例,a 和 b 是参数,该方法主要用于计算相邻的观测单元之间的空间权重矩阵。

若某区域内 n 个观测单元之间的空间关系为空间邻近关系,则空间探索性分析方法通常通过定义一个二元对称空间权重矩阵来测度:

---

① CLIFF A D, ORD J K. Spatial Processes:Models and Application[M]. Berlin:Pion,1981.

$$\begin{bmatrix} W_{11} & W_{12} & \cdots & W_{1n} \\ W_{21} & W_{22} & \cdots & W_{2n} \\ \vdots & \vdots & & \vdots \\ W_{n1} & W_{n2} & \cdots & W_{nn} \end{bmatrix}$$

n 个观测单元之间的空间相互作用关系通过该空间权重矩阵表达,该空间权重矩阵的对角线元素 W_{nn} 为 0。对空间权重矩阵做标准化处理,使其行元素和为 1。空间权重矩阵中的每一个元素 W_{ij} 均被它的行元素 $\sum_j W_{ij}$ 相除,得到新空间权重矩阵 W_{ij}',新空间权重矩阵中 W_{ij}' 的值在 0 和 1 之间①。

4.1.2 空间自相关分析

物理学第一定律是指事物之间的相关性和距离成反比。结合该定律,并根据空间自相关 Moran's I 指数对其进行检验,对中国异速生长系数的空间关联性进行相关分析,Moran's I 的计算公式为

$$\text{Moran's I} = \frac{N \sum_{i=1}^{N} \sum_{j=1}^{N} W_{ij}(b_i - b)(b_j - b)}{(\sum_{i=1}^{N} \sum_{j=1}^{N} W_{ij}) \sum_{i=1}^{N} (b_i - b)^2} (i \neq j) \qquad (4-2)$$

其中 b_i 和 b_j 分别为 i 地区和 j 地区的异速生长系数,b 为异速生长系数的平均值,N 为区域观测单元数量,W_{ij} 是空间权重矩阵。

Moran's I 的取值范围是(-1,1),当 Moran's I=0 时,表示空间不相关;当 Moran's I>0 时,表示空间正相关;当 Moran's I<0 时,表示空间负相关。

莫兰散点图可以分为四个象限。

第一象限为高值集聚区,即 H-H 区,表示拥有高值异速生长系数的地域单元,被其他拥有高值异速生长系数的地域单元所包围。异速生长系数越高,代表土地的相对增长速度越快,所以高高集聚区多是土地显著扩张区域的集聚区。

第二象限为低值被高值包围区,即 L-H 区,表示拥有低值异速生长系数的地域单元,被其他拥有高值异速生长系数的地域单元所包围。异速生长系

---

① 高詹. 基于全要素生产率的城市经济集约增长研究[D]. 大连:东北财经大学,2015.

数越低,代表人口的相对增长速度越快。所以,低高集聚区多是人口增长显著的区域被土地扩张显著的区域所包围。

第三象限为低值集聚区,即 L-L 区,表示拥有低值异速生长系数的地域单元,被其他拥有低值异速生长系数的地域单元所包围。异速生长系数越低,代表人口增长越显著。所以,低低集聚区多为人地有所收缩区域以及人口增长显著的区域的集聚区。

第四象限为高值被低值包围区,即 H-L 区,表示拥有高值异速生长系数的地域单元,被其他拥有低值异速生长系数的地域单元所包围。高值的异速生长系数代表土地扩张显著,低值的异速生长系数代表人口扩张显著,所以第四象限多是土地扩张显著的地区被人口增长显著的地区所包围,或土地显著扩张地区被人地有所收缩地区所包围。

对于 Moran's I 的计算结果,通过渐进的正态分布和随机分布方法做进一步检验,Moran's I 系数的标准化形式为

$$Z(d) = \frac{\text{Moran's I} - E(\text{Moran's I})}{\sqrt{\text{VAR}(\text{Moran's I})}} \tag{4-3}$$

标准化的 Moran's I 的数学期望为

$$E_n(\text{Moran's I}) = \frac{-1}{n-1} \tag{4-4}$$

Moran's I 的方差 $\text{VAR}_n(\text{Moran's I})$ 的表达式在常用的正态分布的空间数据假设条件下为

$$\text{VAR}_n(\text{Moran's I}) = \left[\frac{1}{w_0^2(n^2-1)} (n^2 w_1 + n w_2 + 3 w_0^2) \right] - E_n^2(\text{Moran's I}) \tag{4-5}$$

当 Moran's I 的正态统计值 Z 大于正态分布函数在 1% 或者 5% 水平下的临界值时,说明异速生长系数在空间上具有空间依赖性,根据各个研究单元所在莫兰散点图的象限,可以判断各个地域单元的空间相关特性。

其中异速生长系数由 2006—2016 年各个城市的城区人口和建成区面积对异速生长模型拟合得到,空间分析软件为 ArcGIS10 和 GeoDa。

4.2 城市人地异速生长关系的协调性及空间关联性

4.2.1 城市人地异速生长协调性的空间分析

异速生长系数以 0.85 为界线,基本可以分为三类:异速生长系数小于 0.85 的为负异速生长类型,表明人口的相对增长速度过快,人口的相对增长速度大于土地的相对增长速度;异速生长系数大于 0.85 的为正异速生长类型,表明土地的相对增长速度过快,人口的相对增长速度小于土地的相对增长速度;异速生长系数等于 0.85 的为同速生长类型,表明人口的相对增长速度等于土地的相对增长速度。

通过异速生长模型,对中国 293 个地级及以上城市用地扩张与人口增长的协调关系进行评价,结果见表 4-1。研究表明,中国 293 个地级及以上城市的城市用地扩张和人口增长的协调性总体较弱,整体以土地快速扩张为主,土地显著扩张和土地明显扩张城市共计 218 个,占总城市数量的 74%;人口快速增长城市为辅,人口显著扩张和人口明显扩张城市共计 33 个,占总城市数量的 11%。

表 4-1 全国土地扩张与人口增长协调性分级表

异速生长类型	异速级别	人地协调度类型	城市数量	人口数量	人口比例/%	建成区面积/km²	建成区比例/%
正异速生长	正异速三级	土地显著扩张	78	6634.14	19.44	11134.22	25.33
	正异速二级	土地明显扩张	140	15761.21	46.18	21285.45	48.41
	正异速一级	人地基本协调	20	2518.87	7.38	3218.74	7.32
合计	合计	合计	238	24914.22	73	35638.41	81.06
负异速生长	负异速一级	人口明显扩张	21	2525.05	7.40	2623.01	5.97
	负异速二级	人口显著扩张	12	5490.44	16.09	3989.87	9.08
	负异速三级	人地有所收缩	22	1199.84	3.52	1713.60	3.89
合计	合计	合计	55	9215.33	27	8326.48	18.94

注:由于计算结果采取四舍五入,最终保留两位小数,故存在一定误差。

研究表明,中国 293 个地级及以上城市人地异速关系协调性总体较弱,整体以正异速生长为主,负异速生长为辅。

中国正异速生长城市共有238个,正异速生长城市人口占总人口的73%,正异速生长城市建成区面积占总建成区面积的81.06%。

全国土地快速扩张型城市包括土地显著扩张型城市和土地明显扩张型城市,共有218个,土地快速扩张型城市人口占所研究城市总人口的65.62%,土地快速扩张型城市建成区面积占所研究城市总建成区面积的73.74%。土地显著扩张型城市和土地明显扩张型城市研究结果如下。第一,正异速三级土地显著扩张型城市共有78个,人口占总人口的19.44%,建成区面积占总建成区面积的25.33%,空间上主要分布在中国东部沿海地区。该结果与东部和东北部地区异速生长系数较高相吻合。具体有:哈长城市群、辽中南城市群、京津冀城市群、山东半岛城市群、长三角城市群、环鄱阳湖城市群、海峡西岸城市群、珠三角城市群。第二,正异速二级土地明显扩张型城市共有140个,人口占总人口的46.18%,建成区面积占总建成区面积的48.41%,空间上主要分布在中国中西部地区,具体有中原城市群、京津冀城市群、太原城市群、长株潭城市群、成渝城市群、北部湾城市群、乌昌石城市群。第三,正异速一级人地基本协调型城市共有20个,人口占总人口的7.38%,建成区面积占总建成区面积的7.32%,空间上分部较分散,中国南部居多,主要分布在中原城市群、环鄱阳湖城市群、珠三角城市群、北部湾城市群、滇中城市群。正异速二级土地明显扩张型城市是正异速生长城市的主要组成部分。

中国负异速生长城市共有55个,人口占总人口的27.01%,建成区面积占总建成区面积的18.94%。全国人口快速增长型城市包括人口显著扩张型城市和人口明显扩张型城市,共有33个,人口快速扩张型城市的人口数量占所研究城市总人口数量的23.49%,人口快速扩张型城市的建成区面积占所研究城市总建成区面积的15.05%。人口显著扩张型城市和人口明显扩张型城市的研究结果如下。第一,负异速二级人口显著扩张型城市共有12个,其人口占所研究城市总人口的16.09%,建成区面积占所研究城市总建成区面积的9.08%。第二,负异速一级人口明显扩张型城市共有21个,其人口占所研究城市总人口的7.40%,建成区面积占所研究城市总建成区面积的5.97%。总之,人口快速增长型城市在空间上主要分布在胡焕庸线以东地区,主要有辽中南城市群、京津冀城市群、中原城市群、珠三角城市群中的超大城市及滇中城市群、武汉城市圈的部分城市。第三,负异速三级人地有所收缩型城市共有22

个,其人口占所研究城市总人口的3.52%,建成区面积占所研究城市总建成区面积的3.89%,空间上主要分布在东北黑龙江、吉林地区,内蒙古中部及新疆西北部。这些城市多以人口下降为主,属于资源型城市,资源枯竭时,就业机会减少,城市迁出人口增多,表现出人地收缩特征。

综合以上分析,我国2006—2016年异速生长系数的空间分布特征主要集中在三个方面。第一,我国异速生长系数的空间分布特征为以土地明显扩张为主、土地显著扩张为辅。第二,我国异速生长系数的空间分布表现出明显的集聚特征。土地显著扩张型城市主要分布在我国的东部沿海城市群和东北部城市群;土地明显扩张型城市主要集中分布在我国中部城市群及西部地区;人口显著扩张型城市和人口明显扩张型城市主要为在各城市群中的超大城市。人地有所收缩型城市集中分布在广大的东北、内蒙古及新疆西北部。第三,我国异速生长系数空间分布体现了土地、人口扩张的活跃程度与经济发展程度的密切关系。东部沿海地区经济发达,存在大量的土地显著扩张型城市,中西部则以土地明显扩张为主;人口增长快速的城市则主要是城市群中的超大及大城市;而经济发展相对缓慢的东北、西北地区则集中大量的人地收缩型城市。

4.2.2 城市人地异速生长系数的空间关联性

通过分析2006—2016年我国异速生长系数的空间结果特征,可以判断异速生长系数在空间上存在较强的关联性。我国异速生长系数在空间上体现了集聚分布特征。土地显著扩张型城市集中分布在我国的东部沿海城市群及东北城市群大部分地区,土地明显扩张型城市主要集中分布在我国中部城市群及西部地区,人口显著扩张型城市和人口明显扩张型城市主要为各城市群中的超大城市,人地有所收缩型城市集中分布在广大的东北、内蒙古及新疆西北部。本部分对异速生长系数的空间自相关性进行分析,进一步确定异速生长系数空间关联性的强弱和各个省域所处的空间关联位置。

2006—2016年间,全国范围异速生长系数b均大于临界值0.85,异速生长类型都为正异速生长。在研究时期内,异速生长系数在2011年达到最高点0.933,在2008年达到最低点0.901,基本在0.90~0.94范围内徘徊,异速生长类型属于正异速生长,全国整体土地相对增长速度大于人口相对增长速度。

为了观察中国异速生长系数的空间差异性,进一步计算了中国各地级市人地异速生长的莫兰指数(Moran's I)。结果发现,2006—2016年中国异速生长系数的空间自相关莫兰指数(Moran's I)为0.3947,并通过5%水平下的显著性检验,表明中国各个地级市异速生长系数之间存在正的空间相关性,即各个地级市之间异速生长系数差距较小,并出现集聚现象。

根据莫兰指数(Moran's I),我们将全国各地级市分成四个象限区域:H-H、L-H、L-L和H-L,它们分别反映不同城市的人地关系类型(表4-2)。

表4-2 各地级市异速生长系数莫兰散点图空间分布

象限类型	空间分布	人口土地关系
H-H	内蒙古东北部、河北、山西、河南、安徽、江苏、浙江、湖北、湖南、江西、广东	土地显著扩张
L-H	北京、郑州、上海、深圳,广东东中部、辽宁东部	人口快速增长
L-L	新疆西北、福建、黑龙江、吉林及贵州、云南、青海、甘肃	人地有所收缩
H-L	内蒙古中部、宁夏、云南、贵州	土地明显扩张(并与人地收缩城市相邻)

由表4-2可见,处于第一象限的H-H区域的城市,在空间上主要分布在胡焕庸线①以东。我国大部分城市处于异速生长系数高值和高值集聚的区域,也就是处于莫兰散点图的第一象限H-H区域。该区域在空间上由北到南主要分布在内蒙古东北部、河北、山西、河南、江苏、安徽、湖北、浙江、湖南、江西、广东。在该区域内,主要以异速生长系数较高的城市为主,属于土地显著扩张型和土地明显扩张型。

处于第二象限的L-H区域的城市,主要以具有较低的异速生长系数数值的城市为中心,周边被具有较高的异速生长系数数值的城市所包围。主要城市类型为以人口快速增长型城市为中心,周边为其他人地关系类型的城市。以人口快速增长型城市为中心,周边为其他类型异速生长系数较高的城市,在空间上主要分布在北京、郑州、上海、深圳、广东和辽宁的部分地区。以人口快速增长型城市为中心的城市,具有较低的异速生长系数,在0到0.85之间,所以和周边的异速生长系数较高的土地扩张型城市相比,系数较小,处于莫兰散

---

① 胡焕庸线是中国地理学家胡焕庸在1935年提出的划分我国人口密度的对比线,它以瑷珲-腾冲线分全国为东南和西北两半壁。

点图的第二象限低值被高值包围的区域。

处于第三象限的 L-L 区域的城市,在空间上主要分布在胡焕庸线以西。在该区域内,主要以异速生长系数较低的城市为主,这些城市属于人地有所收缩类型,在空间上主要分布在新疆西北、福建、黑龙江、吉林、贵州、云南、青海、甘肃的部分地区。这些城市人口数量出现下降趋势,人口增长率为负数,异速生长系数相应也为负,所以这些城市处于第三象限的 L-L 集聚区。

处于第四象限的 H-L 区域的城市,在空间上主要是自身异速生长系数较高、周边异速生长系数较低的城市,多是与 L-L 区人地有所收缩的城市相毗邻。处于 H-L 区的城市整体较为分散,主要分布在一些省份如内蒙古中部及宁夏、云南、贵州的个别城市中。这些城市主要毗邻 L-L 人地收缩区域,异速生长系数相对较高。

综上,2006—2016 年我国异速生长系数空间分布特征主要集中在以下几个方面。第一,我国异速生长系数呈现空间正相关关系,表明异速生长系数在空间上集聚特征明显,或是土地显著扩张型的增长,或是人口快速扩张型的增长,显现两极分化特征。第二,大量城市处于莫兰散点图第一象限的 H-H 集聚区,处于第一象限的城市共计 151 个,占所研究城市的 52%。这表明中国大量城市主要为土地显著扩张型和土地明显扩张型,主要分布在中国的东中部地区。第三,一些欠发达地区的土地显著扩张,更多的是通过新城建设、产业园区规划、房地产开发等带动的用地驱动型城市化来实现的,缺乏可持续性。

4.3 大都市圈视角下人地异速关系的空间协调性

从宏观视角和局域视角对人地异速生长关系进行分析,是构成异速生长系统的两大组成部分。第 3 章宏观视角以全国及东、中、西、东北地区为出发点,具体描述了全国宏观异速生长系数的时空变化及东部、中部、西部、东北地区异速生长系数的时空变化特征。通过对全国人地异速生长的基本变化趋势和全国人地异速生长指标走势现状进行描述,进一步对东部、中部、西部及东北地区人地异速生长系数的走势特征进行分析,最后指出中国正异速生长背景下城市人地异速生长面临的现实困境。

局域视角分析是以宏观视角为指导,从宏观区域中选取具有代表性的微观局域部分进行分析。宏观视角分析对微观视角分析具有指导作用,微观视角分析是宏观视角分析的主要构成部分。因此,本部分进一步从局域视角对中国三大都市圈的人地异速关系的协调性和空间关联性进行分析。中国三大都市圈主要有:长三角都市圈、珠三角都市圈、京津冀都市圈。通过从局域视角下,对三大都市圈的人地异速关系的协调性和空间关联性进行分析,了解各个都市圈的人地异速生长关系的协调性及空间分布特征。

宏观视角下的异速生长关系分析与局域视角下的异速生长关系分析两者相互依存、相互制约。通过对人地异速关系的宏观与局域视角结合分析,可更全面地解释人地异速生长关系的协调性与空间关联性。

4.3.1 长三角都市圈

长三角都市圈是具有较强竞争力的世界级都市圈,全球重要的先进制造业中心和现代服务业中心,是亚太地区重要的国际门口。本部分重点研究长三角都市圈人地异速生长关系的协调性及人地关系的空间分异特征。

4.3.1.1 人地异速关系协调性

通过异速生长模型,对长三角都市圈 26 个城市用地扩张与人口增长的协调关系进行评价,结果见表 4-3。研究表明,长三角都市圈 26 个地级市的城市用地扩张与人口增长的协调性较弱,以土地显著扩张城市为主,人口明显扩张城市为辅。土地显著扩张和土地明显扩张城市共计 15 个,占总城市数量的 58%。人口显著增长和人口明显增长城市共计 6 个,占总城市数量的 23%。

进一步将长三角都市圈 26 个地级市 2006—2016 年的异速生长系数值在空间上用分层颜色显示,结果见图 4-1。长三角都市圈城市数量不多,用颜色分层表示不同类型的人地关系较为明朗。

表 4-3 长三角都市圈城市用地扩张与人口增长协调性分级表

协调性		城市	人口		建成区	
类型	级别	数量/个	数量/万人	比例/%	面积/km²	比例/%
土地快速扩张	土地显著扩张	11	1624.56	22.56	2051.12	33.73
	土地明显扩张	4	438.16	6.09	484.36	7.96
	小计	15	2062.72	28.65	2535.48	41.69

续表

协调性		城市	人口		建成区	
类型	级别	数量/个	数量/万人	比例/%	面积/km²	比例/%
人口快速扩张	人口显著增长	1	2415.27	33.56	998.75	16.41
	人口明显增长	5	1001.33	13.91	837.23	13.77
	小计	6	3416.6	47.47	1835.98	30.18
人地基本协调	人地基本协调	5	1716.83	23.84	1708.53	28.11

注：由于计算结果采取四舍五入，最终保留两位小数，故存在一定误差。

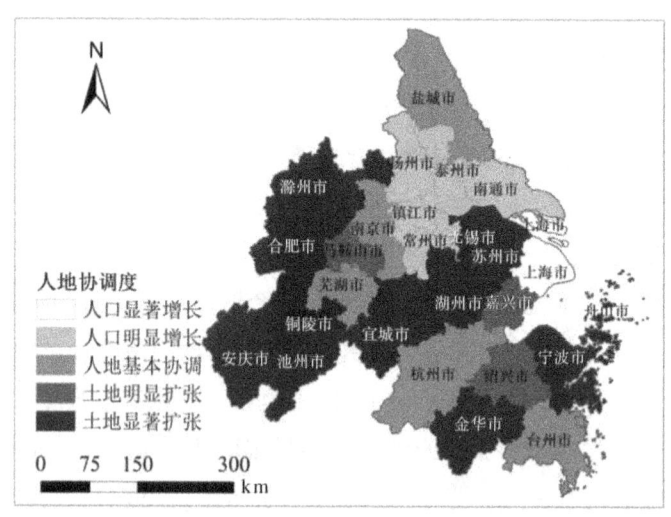

图 4-1 2006—2016 年长三角都市圈异速生长系数空间分布

长三角都市圈土地快速扩张型城市共有 15 个，其人口占长三角总人口的 28.65%，其建成区面积占长三角总建成区面积的 41.69%。由表 4-3 城市用地扩张与城市人口增长协调性分级标准可知，土地快速扩张型城市又可分为土地显著扩张型城市和土地明显扩张型城市两种。土地显著扩张型城市和土地明显扩张型城市研究结果如下。第一，长三角都市圈土地显著扩张型城市共有 11 个，其人口占所研究城市总人口的 22.56%，建成区面积占所研究城市总建成区面积的 33.73%。在空间上主要分布在长三角都市圈的西部、中部地区，具体城市有：金华、宁波、苏州、无锡、合肥、舟山、湖州、池州、安庆、滁州、宣城。第二，长三角都市圈土地明显扩张型城市共有 4 个，其人口占所研究城市总人口的 6.09%,建成区面积占所研究城市总建成区面积的 7.96%。主要分布在长三角都市圈的边缘区,具体城市有:马鞍山、绍兴、嘉兴。

长三角都市圈人口快速扩张型城市共有 6 个,其人口占所研究城市总人口的 47.47%,其建成区面积占所研究城市总建成区面积的 30.18%。由表 4-3 城市用地扩张与城市人口增长协调性分级标准可知,人口快速扩张型城市又可分为人口显著增长型城市和人口明显增长型城市两种。人口显著增长型城市和人口明显增长型城市的研究结果如下。第一,长三角都市圈人口显著增长型城市 1 个,其人口占所研究城市总人口的 33.56%,建成区面积占所研究城市总建成区面积的 16.41%。长三角都市圈人口显著增长型城市在空间分布上位置较为明显与唯一,即长三角的带头城市上海。第二,长三角都市圈人口明显增长型城市有 5 个,其人口占所研究城市总人口的 13.91%,建成区面积占所研究城市总建成区面积的 13.77%。人口明显增长型城市在空间分布上较为集中,主要城市有泰州、常州、扬州、镇江、南通。

长三角都市圈人地基本协调型城市共 5 个,其人口占所研究城市总人口的 23.84%,其建成区面积占所研究城市总建成区面积的 28.11%。人地基本协调型城市在空间分布上相对分散,主要城市有:芜湖、盐城、南京、台州、杭州。长三角都市圈没有人地有所收缩型城市。

综合以上分析,长三角 2006—2016 年异速生长系数的空间分布特征主要集中在三个方面。第一,长三角城市群异速生长系数与城市规模呈现明确反向变化关系。超大城市、特大城市、大城市、中等城市、小城市异速生长系数分别为 0.41、0.98、3.59、8.19 和 16.7。城市规模越大,异速生长系数越小;城市规模越小则异速生长系数越大。第二,长三角城市群以正异速生长为主,负异速生长为辅。正异速生长城市 20 座,负异速生长城市 6 座。其中正异速生长中,以正异速三级土地显著扩张类型为主;负异速生长中,以负异速一级即人口明显增长为主。第三,人地协调发展有明显的空间差异特征。人口明显增长城市主要分布在苏中南地区,土地显著扩张城市主要分布在皖中南地区,长三角人地关系总体以土地显著扩张城市为主,人口明显增长城市为辅。

4.3.1.2 人地异速关系空间关联性

通过分析长三角异速生长系数的空间结构特征,可以判断长三角异速生长系数存在空间关联性。本部分通过对长三角都市圈异速生长系数的空间自相关进行分析,进一步明确这种空间关联性的强弱和各个城市所处的空间关联位置。

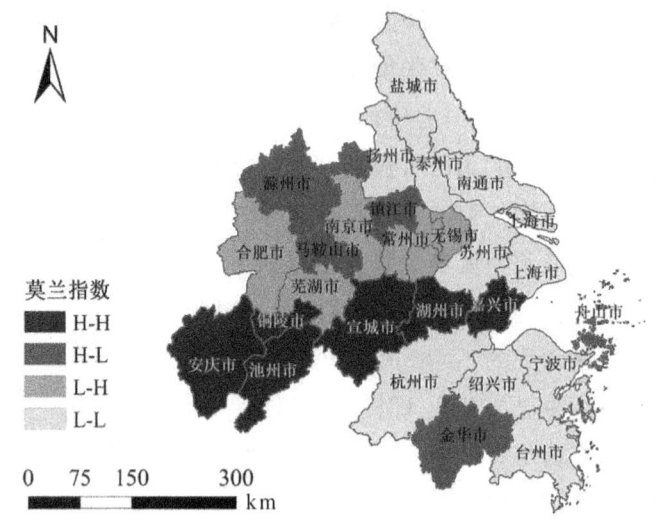

图 4-2　2006—2016 年长三角异速生长莫兰指数分析

2006—2016 年长三角都市圈异速生长系数的 Moran's I 为 0.1281,通过 5% 的显著性检验,说明此时长三角都市圈的异速生长存在空间正相关性。各个城市之间呈现聚集现象,同一类型的人地关系城市有聚集趋势,土地增长速度快的城市聚集,人口增长速度快的城市聚集。根据 Moran's I 散点图制作图 4-2。

从图 4-2 可以看出长三角都市圈的异速生长系数表现为显著的聚集特征。第一象限为 H-H 区,以异速生长系数较高的中小城市聚集为特征,这些城市的异速生长系数较高,人口相对增长速度较慢,土地相对增长速度较快。在空间上主要横跨长三角中部地区,由西向东主要有安庆、铜陵、池州、宣城、湖州、嘉兴 6 座城市。这些城市都为中小城市,中小城市整体经济发展较为缓慢,对人口的吸引力较弱,人口发展相对缓慢;同时,中小城市在城市化过程中,较为重视空间城市化,土地利用较为粗放,用地结构有欠合理,因此,中小城市土地相对增长速度较快。

第二象限为 L-H 区,以异速生长系数较低的大城市为主,周边被异速生长系数较高的中小城市所包围,这些城市人口相对增长速度较快,土地相对增长速度较慢。在空间上主要集中分布在长三角中北部地区,由西向东主要有合肥、芜湖、南京、常州、无锡 5 座城市。以上城市经济发展较快,经济的快速发展吸引了人口的集聚,人口增长迅速,异速生长系数较低;同时,城市发展相对成熟稳定,可供开发的土地资源较少,土地的相对增长速度不高。

第三象限为 L-L 区,以异速生长系数较低的大城市聚集为特征,这些城市的异速生长系数较低,人口相对增长速度较快,土地相对增长速度较慢。在空间上主要集聚分布在长三角东部沿海地区,由北向南主要有盐城、扬州、泰州、南通、苏州、上海、杭州、绍兴、宁波、台州 10 座城市。以上大城市发展较为成熟,其用地需求呈稳步增长状态,大城市土地开发利用率较高,外围可开发的土地规模较小,城市土地利用较为集约;同时以上城市经济较为发达,经济发展速度快,对人口的吸引力度较强,人口增长速度相对较快。其中,扬州、南通在承接产业转移过程中,创造大量就业机会,吸引大批就业人口,人口增长相对土地增长速度较高,异速生长系数较低。

第四象限的 H-L 区,以异速生长系数较高的中小城市为主,周边被异速生长系数较低的大城市所包围,这些城市人口相对增长速度较慢,土地相对增长速度较快。在空间上主要集中分布在长三角边缘角落,由北向南主要有滁州、镇江、马鞍山、舟山、金华 5 座城市。中小城市经济发展缓慢,对人口的吸引力度较弱。

长三角都市圈异速生长系数总体表现出以上海为中心向周边逐渐递增的变化态势。上海处于 L-L 集聚区域,并以 0.4139 的最低异速生长系数出现。沿海地区异速生长系数普遍较低,越向内陆生长系数越高。表明越向长三角西部内陆地区,土地增长速度越快,人口增长速度越慢,土地增长速度逐渐等于并超过人口增长速度。长三角多数城市具有较高的异速生长系数,其中有 20 座城市属于正异速生长类型,由此表明长三角大面积地区以土地增长速度快于人口增长速度的特征出现。

综上分析,2006—2016 年长三角都市圈异速生长系数空间分布特征主要集中在以下几个方面。第一,长三角异速生长系数呈现空间正相关关系,表明异速生长系数在空间上集聚特征明显。异速生长系数较高城市与异速生长系数较高城市集聚,异速生长系数较低城市与异速生长系数较低城市集聚。第二,长三角地区大量城市处于莫兰散点图第三象限,处于第三象限的城市有人口明显增长类型,有人地基本协调类型,还有土地明显扩张类型。总的来说,长三角都市圈大部分城市以土地快速扩张为主。

4.3.2 珠三角都市圈

珠三角都市圈以广东 70% 的人口,创造着全省 85% 的 GDP,是亚太地区最具有活力的经济区之一。珠三角都市圈是中国技术研发与科技创新的重要基地,是全球先进的现代服务业与制造业基地。本部分重点研究珠三角都市圈异速生长人地协调性及人地关系的空间分异特征。

4.3.2.1 人地异速关系协调性

通过异速生长模型,对珠三角都市圈 9 个城市用地扩张与人口增长的协调关系进行评价,结果见表 4-4。研究表明,珠三角都市圈 9 个地级市的城市用地扩张与人口增长的协调性较弱,以土地显著扩张为主,人口明显增长为辅。土地显著扩张和土地明显扩张城市共计 7 个,占总城市数量的 77.8%。人口快速增长城市为辅,人口显著增长和人口明显增长城市共计 2 个,占总城市数量的 22.2%。

进一步将珠三角都市圈 9 个地级市 2006—2016 年的异速生长系数值在空间上用分层颜色显示,结果见图 4-3。珠三角都市圈城市数量较少,用颜色分层表示不同类型的人地关系较为明朗。

表 4-4 珠三角都市圈城市用地扩张与人口增长协调性分级表

协调性		城市	人口		建成区	
类型	级别	数量/个	数量/万人	比例/%	面积/km²	比例/%
土地快速扩张	土地显著扩张	5	478.55	17.87	1577.28	39.47
	土地明显扩张	2	928.48	36.68	1395.3	34.91
	小计	7	1407.03	54.55	2972.58	74.38
人口快速增长	人口显著增长	0	0	0	0	0
	人口明显增长	2	1217.34	45.45	1023.64	25.62
	小计	2	1217.34	45.45	1023.64	25.62
人地基本协调	人地基本协调	0	0	0	0	0
人地有所收缩	人地有所收缩	0	0	0	0	0

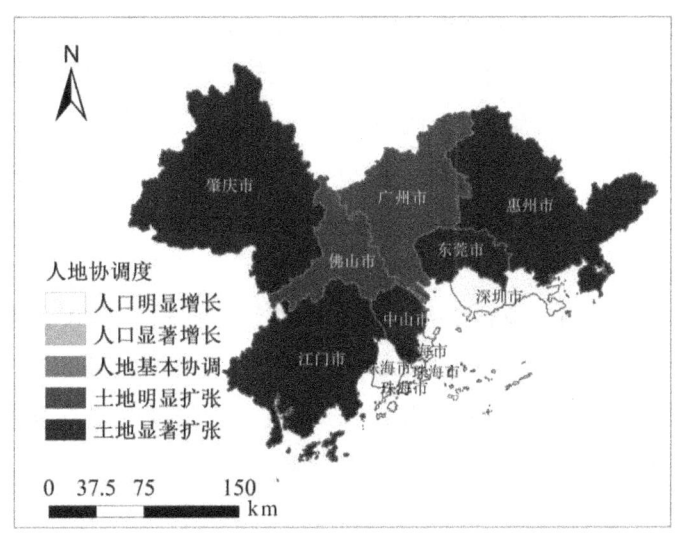

图 4-3 2006—2016 年珠三角都市圈异速生长系数空间分布

珠三角都市圈土地快速扩张型城市共有 7 个,其人口占珠三角都市圈总人口的 54.55%,建成区面积占珠三角总建成区面积的 74.38%。由表 4-4 城市用地扩张与城市人口增长协调性分级标准可知,土地快速扩张型城市又可分为土地显著扩张型城市和土地明显扩张型城市两种。土地显著扩张型城市和土地明显扩张型城市研究结果如下。第一,土地显著扩张型城市 5 个,其人口占珠三角都市圈总人口的 17.87%,建成区面积占珠三角都市圈总建成区面积的 39.47%。在空间上主要分布在珠三角的东西两段,具体城市有:惠州、东莞、肇庆、江门、中山。第二,土地明显扩张型城市 2 个,其人口占珠三角都市圈总人口的 36.68%,建成区面积占珠三角都市圈总建成区面积的 34.91%。主要分布在珠三角中部,具体城市有:广州、佛山。

珠三角都市圈人口快速增长型城市共有 2 个,其人口占珠三角都市圈总人口的 45.45%,建成区面积占珠三角都市圈总建成区面积的 25.62%。其中人口显著增长型城市没有,全部为人口明显增长型城市。人口明显增长型城市在空间上分布在珠三角南部,主要城市有深圳、珠海。

珠三角都市圈没有人地基本协调型和人地有所收缩型城市。

综合以上分析,珠三角都市圈 2006—2016 年异速生长系数的空间分布特征主要集中在两个方面。第一,珠三角各个城市异速生长系数的空间分布特征为:以土地显著扩张为主,人口明显增长为辅。珠三角大部分城市属于土地快速扩张城市,其中土地快速扩张城市中以土地显著扩张为主。第二,珠三角各城市异速生长系数体现了集聚的空间分布特征。土地显著扩张型城市由东向西贯穿珠三角大部分地区,土地明显扩张型城市主要集中分布在土地显著扩张型城市的北部,人口明显增长型城市主要分布在珠三角的南部沿海地区。人口显著增长、人地基本协调、人地有所收缩三种类型城市不存在。

4.3.2.2 人地异速关系空间关联性

通过分析珠三角人地异速生长协调性的空间分布特征,可以判断珠三角地区异速生长系数存在空间关联性。本部分通过对珠三角地区异速生长系数的空间关联性进行分析,进一步明确珠三角地区人地异速生长系数的空间关联性的强弱和各个城市所处的空间关联位置。

2006—2016年珠三角都市圈异速生长系数的Moran's I为0.4889,通过5%的显著性检验,说明此时珠三角都市圈的异速生长存在空间正相关性。各个城市之间呈现聚集现象,同一类型的人地关系城市有聚集趋势,土地增长速度快的城市聚集,人口增长速度快的城市聚集。根据Moran's I散点图制作图4-4。

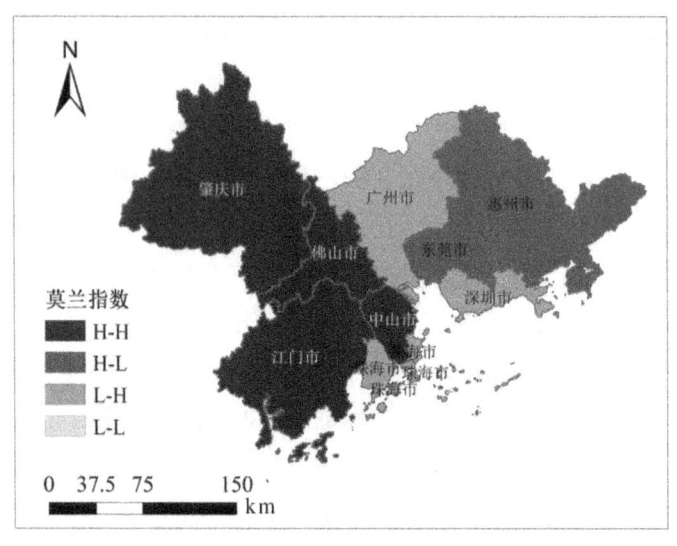

图4-4 2006—2016年珠三角地区异速生长莫兰指数分析

处于第一象限的H-H区的城市,在空间上主要把守珠三角西部地区。该区域属于高高集聚区,在空间上由北向南依次是肇庆、佛山、江门、中山。在该区域内,主要以异速生长系数较高的城市存在,这些城市主要为土地显著扩张型。

处于第二象限的 L-H 区的城市,在空间上主要位于珠三角中部地区。该区域属于低高集聚区,主要城市有:广州、深圳、珠海。在该区域内主要分为两种情况:第一种情况主要以异速生长系数稍低的土地明显扩张型城市为中心,周边被异速生长系数高的土地显著扩张型城市所包围,广州市属于该种情况;第二种情况主要以异速生长系数较低的人口明显增长型城市为中心,周边被异速生长系数较高的土地显著扩张型城市所包围,深圳、珠海属于第二种情况。

处于第三象限的 L-L 区的城市,在空间分布上没有,表明珠三角不存在低低集聚区域,异速生长系数较低的人口显著增长型城市或人口明显增长型城市不存在集聚现象。深圳和珠海两个城市虽然都属于异速生长系数较低的人口明显增长型城市,但两者被珠江口所分割,在地理位置上不相邻,不存在集聚现象。

处于第四象限的 H-L 区的城市,在空间上主要分布在珠三角东部地区,该区域属于高低集聚区,主要城市分别是惠州和东莞。在该区域内,主要以异速生长系数较高的土地显著扩张型城市为中心,周边被异速生长系数较低的人口明显增长型城市所包围。

综上分析,2006—2016 年珠三角都市圈异速生长系数空间分布特征主要集中在以下两个方面。第一,珠三角异速生长系数呈现空间正相关关系,表明异速生长系数在空间上集聚特征明显。异速生长系数较高城市与异速生长系数较高城市集聚,异速生长系数较低城市与异速生长系数较低城市集聚。第二,大量城市处于莫兰散点图第一象限的高高集聚区,处于第一象限的城市共计 4 个,占所研究城市的 44%。这表明珠三角都市圈异速生长系数高的城市聚集出现,主要分布在珠三角西部地区,以土地显著扩张类型为主。

4.3.3 京津冀都市圈

京津冀都市圈是北方经济发展的核心区,位于中国环渤海的中心地带。京津冀地区的协调发展是带动中国北方腹地经济发展的重要引擎。在分析了京津冀地区异速生长系数时空变化特征的基础上,本部分重点研究京津冀都市圈人地异速生长关系的协调性及人地关系的空间关联性和分异特征。

4.3.3.1 人地异速关系协调性

通过异速生长模型,对京津冀都市圈10个城市用地扩张与人口增长的协调关系进行评价,结果见表4-5。研究表明,京津冀都市圈10个地级市的城市用地扩张与人口增长的协调性较弱,以土地明显扩张为主,土地显著扩张为辅,土地明显扩张城市共计6个,占总城市数量的60%。土地显著扩张城市共计3个,占总城市数量的30%。

进一步将京津冀都市圈10个地级市2006—2016年的异速生长系数值在空间上用分层颜色显示,结果见图4-5。京津冀都市圈城市数量不多,用颜色分层表示不同类型的人地关系较为明朗。

表4-5 京津冀都市圈城市用地扩张与人口增长协调性分级表

协调性		城市	人口		建成区	
类型	级别	数量/个	数量/万人	比例/%	面积/km²	比例/%
土地快速扩张	土地显著扩张	3	359.87	10.41	505.24	14.56
	土地明显扩张	6	1220.18	35.29	1564.18	45.07
	小计	9	1580.05	45.70	2069.42	59.63
人口快速扩张	人口显著增长	1	1877.7	54.30	1401.01	40.37
	人口明显增长	0	0	0	0	0
	小计	1	1877.7	54.30	1401.01	40.37
人地基本协调	人地基本协调	0	0	0	0	0
人地有所收缩	人地有所收缩	0	0	0	0	0

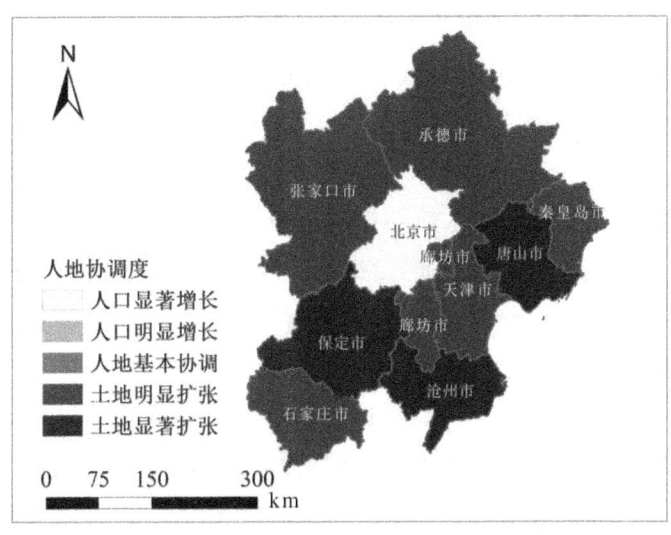

图 4-5　2006—2016 年京津冀都市圈异速生长系数空间分布

京津冀都市圈土地快速扩张型城市共有 9 个,其人口占京津冀都市圈总人口的 45.7%,建成区面积占京津冀都市圈总建成区面积的 59.63%。由表 4-5 城市用地扩张与城市人口增长协调性分级标准可知,土地快速扩张型城市又可分为土地显著扩张型城市和土地明显扩张型城市两种。第一,土地显著扩张型城市 3 个,其人口占京津冀都市圈总人口的 10.41%,建成区面积占京津冀都市圈总建成区面积的 14.56%。在空间上主要分布在京津冀的南部地区,具体城市有:保定、沧州、唐山。第二,土地明显扩张型城市 6 个,其人口占京津冀都市圈总人口的 35.29%,建成区面积占京津冀都市圈总建成区面积的 45.07%。主要分布在环北京的北部和南部,具体城市有:张家口、承德、秦皇岛、廊坊、天津、石家庄。

京津冀都市圈人口快速扩张型城市主要为人口显著增长型城市,包括 1 个城市,其人口占京津冀都市圈总人口的 54.3%,建成区面积占京津冀都市圈总建成区面积的 40.37%。人口显著增长型城市在空间分布上位置较为明显与唯一,即京津冀的中心城市北京。

京津冀都市圈没有人地基本协调型和人地有所收缩型城市。

综合以上分析,京津冀都市圈 2006—2016 年异速生长系数的空间分布特征主要集中在两个方面。第一,京津冀地区异速生长系数的空间分布特征为以土地明显扩张为主,土地显著扩张为辅。京津冀地区绝大部分城市属于土地快速扩张城市,其中土地快速扩张城市中以土地明显扩张为主。第二,京津冀地区异速生长系数体现出了集聚的空间分布特征。土地显著扩张型城市集中分布在京津冀南部地区,土地明显扩张型城市呈环状分布在北京周边。

4.3.3.2 人地异速关系空间关联性

京津冀都市圈异速生长系数存在空间关联性,可通过分析京津冀都市圈异速生长系数的空间结构特征进行判断。本部分通过对京津冀地区异速生长系数的空间自相关进行分析,进一步明确京津冀各城市所处的空间关联位置和各城市的关联性的强弱。

2006—2016年京津冀都市圈异速生长系数的Moran's I为-0.0661,通过5%的显著性检验,说明此时京津冀地区的异速生长存在负空间相关性。异速生长系数高的城市和异速生长系数低的城市相邻,各个研究区域的差异性较大。这主要是由于中心城市北京的异速生长系数较低,属于人口显著增长型城市,与北京相邻的周边城市都为土地快速扩张型城市,北京和周边城市的异速生长系数差异较大,所以京津冀地区Moran's I为负值。根据Moran's I散点图制作图4-6。

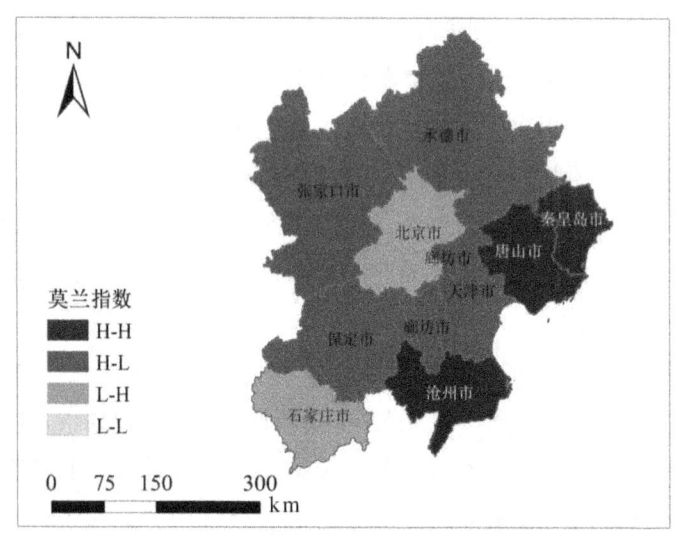

图4-6 2006—2016年京津冀地区异速生长莫兰指数分析

处于第一象限的H-H区的城市,在空间上主要分布在京津冀东南地区。该区域属于高高集聚区,在空间上由东向西分布是秦皇岛、唐山、沧州。在该区域内,主要以异速生长系数较高的城市存在,这些城市主要为土地显著扩张型。

处于第二象限的 L-H 区的城市,在空间上主要位于京津冀的中部和西南部。该区域属于低高集聚区,在空间上北部城市主要有北京,西南部城市主要有石家庄。在该区域内,主要以北京异速生长系数较低的人口显著增长型城市为中心,周边被异速生长系数高的土地明显扩张型城市所包围。石家庄则为异速生长系数稍低的土地明显扩张型城市,北部被异速生长系数较高的土地显著扩张型城市包围。

处于第三象限的 L-L 区的城市,在空间上没有显示。该区域属于低低集聚区,人口快速增长的城市应该集聚,但京津冀只有北京唯一一座人口显著增长型城市,故没有低低集聚区。

处于第四象限的 H-L 区的城市,在空间分布上较为明显,主要分布在北京市的周边,主要城市有张家口、承德、廊坊、天津、保定。该区域属于高低集聚区。在该区域内,北京周边城市主要以异速生长系数较高的土地明显扩张型城市为主,北京的异速生长系数较低,所以表现出高低集聚特征。

综上分析,2006—2016 年京津冀都市圈异速生长系数空间分布特征主要集中在以下两个方面。第一,京津冀都市圈异速生长系数呈现空间负相关关系,表明异速生长系数较高城市与异速生长系数较低城市集聚,高低集聚明显。第二,大量城市处于莫兰散点图第四象限的 H-L 高低集聚区,处于第四象限的城市共计 5 个,占所研究城市的 50%。这表明京津冀都市圈异速生长系数高低聚集较为明显,主要分布在北京市的周边。

4.4 城市人地异速生长地域分异的基本特征

4.4.1 异速生长系数与城市规模大小呈现明显反向变化关系

异速生长系数反映城市土地相对增长速度和城市人口相对增长速度的快慢关系。区域异速生长系数小于 0.85,表明该区域城市人口相对增长速度快于城市土地相对增长速度,人口密度相对较大;区域异速生长系数大于 0.85,表明该区域城市人口相对增长速度慢于城市土地相对增长速度,人口密度相对较小。

大城市自身发展处于成熟阶段,在城市化进程中占有主导地位,对周边城市经济有强大的聚集效应和辐射功能。大城市拥有较强的城市竞争力及经济辐射力,对周边人口有较强吸引能力,因此,大城市人口数量增加迅速,最终导致人口的相对增长速度快于土地的相对增长速度。中小城市异速生长系数较大,土地相对增长速度大于人口相对增长速度。这是由于中小城市正处于快速成长阶段,城市基础设施建设日趋完善。与此同时,中小城市主要以第二产业为主,是转移制造业和农村劳动力的有力承接地区,同时国家近几年提出"大力发展中小城市"等相关政策作为扶持。因此中小城市近年来涌现出大量的国家级、省级和市级各类开发区,城市建设用地不断扩张。然而,在户籍制度"高门槛"的制约下,中小城市人口城市化速度却较为缓慢。长三角都市圈尤为明显,长三角都市圈呈现出规律的城市规模与异速生长系数反向变化关系。超大城市、特大城市、大城市、中等城市、小城市异速生长系数分别为0.41、0.98、3.59、8.19、16.7。城市规模越大,异速生长系数越小,人口相对增长速度较快,快于土地相对增长速度;城市规模越小,异速生长系数越大,土地相对增长速度较快,快于人口相对增长速度。

4.4.2 行政区位特殊的城市多存在较低的异速生长系数

行政区位条件体现出城市政治位置、经济政策对其异速生长系数的影响。一个国家的首都、省会城市、直辖市、经济特区都属于经济、政治核心城市。首都或者省会城市是一个国家或者区域的经济、政治活动中心,是一个区域政权的集中地。经济特区在对外经济活动中多采用较国内其他地区更加开放和灵活的特殊经济政策。伴随活跃的经济与政治活动,首都、省会城市、直辖市及经济特区的人地关系与其他城市相比应该表现出不同的特点。首都、省会城市、直辖市及经济特区多表现出经济聚集与人口聚集的特点。

随着中小城市人口不断地向大城市集聚,人们对大城市用地功能、基础设施、公共设施、居住就业等方面的要求更高,从而引起大城市由于人口向内过度集聚导致空间发展功能性失衡。中心城区人口急剧增长,人口在局部空间过度集中,城市主干道通勤压力剧增。90%的超大城市均表现出人口规模的强大增长势头[1],石家庄、太原、苏州、杭州、南昌、济南、武汉、长沙、广州、郑州

---

[1] 关静.中国超大城市精明增长研究[D].吉林:吉林大学,2013.

这些超大城市人口增长速度较快,北京、天津、唐山、哈尔滨、南京人口增长率有下降趋势,但仍为正值。超大城市中有部分城市出现人口收缩现象,如沈阳、上海在 2006—2010 年出现四次人口负增长,从而反映出超大城市容纳能力的有限性与饱和性。与人口快速增长形成鲜明对比,超大城市的建成区面积变化幅度较小。

人口快速集聚与建成区面积缓慢发展形成鲜明对比,因此超大城市、特大城市这些行政区位特殊城市,人口的相对增长速度远远高于土地相对增长速度,表现出较低的异速生长系数特点。

4.4.3 中国城市异速生长系数呈现显著的空间集聚现象

2006—2016 年我国异速生长系数呈现显著的空间集聚现象。我国异速生长系数呈现空间正相关关系,异速生长系数在空间上集聚特征明显,其中大量城市处于莫兰散点图第一象限的 H-H 集聚区,处于第一象限的城市共计 151 个,占所研究城市的 52%。这表明中国大量城市主要为土地显著扩张型和土地明显扩张型城市,主要分布在中国的东中部地区。

中国 293 个地级及以上城市的异速生长系数呈现显著的空间集聚现象,此现象与中国区域经济空间集聚特征吻合。中国 31 个省级行政区经济总产值在空间分布上有较强的正相关性[①],表现出相似值之间的空间集群,即具有较高产出的省级行政区相对地趋于和较高产出的省级行政区相靠近,基本分布在胡焕庸线以东;较低产出的省级行政区相对地趋于和较低产出的省级行政区相靠近,基本分布在胡焕庸线以西。从整体上讲,省级行政区之间的经济产出是存在空间相关性的,也就是存在空间上的明显集聚现象。异速生长系数空间集聚特征与中国经济空间集聚特征较为吻合。胡焕庸线以东地区异速生长系数呈现 H-H 集聚特征。该区域在空间上由北到南主要分布在内蒙古东北部、河北、山西、河南、安徽、江苏、浙江、湖北、湖南、江西、广东。在该区域内,主要以异速生长系数较高的城市为主,属于土地显著扩张型和土地明显扩张型。胡焕庸线以西,异速生长系数以 L-L 集聚为主,这些城市属于人地有所收缩类型。该区域在空间上主要分布在新疆西北、福建、黑龙江、吉林、贵州、

---

① 徐建华. 现代地理学中的数学方法[M]. 北京:高等教育出版社,2017:159-166.

云南、青海、甘肃的部分城市。这些城市人口数量出现下降趋势,人口增长率为负数,异速生长系数相应也为负,所以这些城市处于第三象限的L-L集聚区。

4.5 本章小结

本章结合GeoDa和ArcGIS软件,运用空间权重矩阵和空间自相关分析方法,首先分析了全国293个地级及以上城市异速生长系数的空间分布特征及土地扩张与人口增长协调性关系,然后重点分析了长三角、珠三角、京津冀三个主要都市圈的异速生长人地增长协调性关系与系数空间分布特征及土地扩张。

综合以上分析,我国2006—2016年异速生长系数的空间分布特征主要集中在三个方面。第一,中国293个地级及以上城市人地异速关系协调性总体较弱,整体以正异速生长为主,负异速生长为辅。第二,我国异速生长系数体现出了显著的空间集聚分布特征。土地显著扩张型城市主要集中分布在我国的东部沿海城市群及东北城市群,土地明显扩张型城市主要集中分布在我国中部城市群及西部地区,人口显著增长型城市和人口明显增长型城市主要是各城市群中的超大城市,人地有所收缩型城市集中分布在广大的东北、内蒙古及新疆西北部。第三,我国异速生长系数空间分布体现了土地、人口扩张的活跃程度与经济发展程度的密切关系。东部沿海地区经济发展水平较高,土地显著扩张型与人口明显增长型城市居多;中西部则以土地明显扩张为主;对于经济发展相对缓慢的东北、西北地区则集中大量的人地收缩型城市。

对三大都市圈异速生长系数的空间分布特征及其土地扩张与人口增长协调性关系分析后,对不同都市圈分别得到以下不同结论。长三角都市圈主要结论有:从数量上看,长三角都市圈土地显著扩张类型的城市数量最多,人口明显增长类型的城市数量位居其次,所以,长三角都市圈以土地显著扩张型城市为主,以人口明显增长型城市为辅;从空间集聚分布规律看,长三角都市圈异速生长系数空间相关关系为正相关,有相同的人口和土地增长特征的城市集聚分布,其中土地显著扩张型城市和人口明显增长型城市集聚现象明显,其他类型城市分布较为分散,人口显著增长和人口明显增长的城市主要集聚分布在长三角东北部沿海地区。珠三角都市圈主要结论有：从数量上看，珠三角都市圈土地显著扩张类型的城市数量最多，土地明显扩张类型、人口明显增长类型的城市数量位居其次，所以，珠三角都市圈以土地显著扩张为主，人口明显增长为辅；从空间集聚分布规律看，珠三角都市圈异速生长系数空间相关关系为正相关，有相同的人口和土地增长特征的城市集聚分布，其中土地显著扩张型城市和土地明显扩张型城市集聚现象明显，其他类型城市分布较为分散，土地显著扩张和土地明显扩张的城市主要集聚分布在珠三角西部地区。京津冀都市圈主要结论有：从数量上看，京津冀都市圈土地明显扩张类型的城市数量最多，土地显著扩张类型的城市数量位居其次，所以，京津冀都市圈以土地明显扩张型城市为主，以土地显著扩张型城市为辅；从空间集聚分布规律看，京津冀都市圈异速生长系数空间相关关系为负相关，高值与低值集聚明显，以北京为中心的周边城市具有该明显特征。

5 城市人地异速生长地域分异影响因素及制度作用机理

第3章和第4章分别从宏观和微观的角度,对异速生长系数的区域差异、时空变化特征及空间关联性进行了分析。基于此,本部分采用经济计量分析方法,对我国城市土地的异速生长系数影响因素相关性进行实证分析,以探讨促进土地集约利用的途径与措施。

本章采用经济计量分析方法,对我国城市土地的异速生长系数影响因素进行面板数据回归分析,以探讨促进人地协调发展的实现途径与具体措施。通过在全国范围及主要经济区内分析城市行政区位、土地市场化率、人力资本积累能力、自然资源禀赋、城市基础设施对异速生长系数的影响,得出影响异速生长系数的主要因素及共性特征,并对"人"与"地"影响的制度作用机理进行深入分析。

5.1 模型构建

将截面与时间序列数据结合可得到面板数据,面板数据用于观测某一定时间范围内,样本中每个个体在不同时期的观测值。面板数据的最大特征是样本量大,对提高参数估计准确性有重要作用。同时,面板数据可将不可观测的个体剔除在外,对这种遗漏变量的问题的解决,可以最大限度上避免有偏的估计结果。

根据被解释变量及解释变量的选取结果,最终对人地异速生长系数的影

响因素的计量模型设定如下形式:

$$B_{it}=\alpha+\beta_1 location_{it}+\beta_2 LM_{it}+\beta_3 lnteacher_{it}+\beta_4 lnresouce_{it}+\beta_5 lnfacilities_{it}+\delta_i+\zeta_t+\varepsilon_{it}$$

其中,i 表示城市,t 表示年份,因变量 B_{it} 表示城市 i 在 t 期的异速生长系数,$location_{it}$、LM_{it}、$lnteacher_{it}$、$lnresouce_{it}$、$lnfacilities_{it}$ 分别表示城市行政区位条件、土地市场化率、人力资本积累能力、自然资源禀赋和基础设施;δ_i,ζ_t 分别为个体固定效应和时间固定效应,ε_{it} 为随机误差项。

本书使用面板数据进行实证,主要有混合估计(OLS)、固定效应估计(FE)和随机效应估计(RE)三种。首先看个体效应是否明显,若个体效应不明显,则使用混合估计,若个体效应明显,则使用固定效应估计。进一步,在确定固定效应估计优于混合估计后,需要根据 Hausman 检验判断使用固定效应还是随机效应。

5.2 变量选取与数据来源

根据本书需要将异速生长系数作为被解释变量,在第 3 章中已经对所研究的 293 个地级及以上城市,通过 11 年的建成区面积和城区人口数据拟合得到各个城市的异速生长系数值。

在解释变量的选取方面,主要考虑从影响异速生长系数高低的角度来选取。影响异速生长系数的因素具有复杂性和多样性的特征。异速生长系数影响因素主要体现在以下几个方面。

5.2.1 变量选取

5.2.1.1 行政区位条件

行政区位条件体现城市政治位置、经济政策对其异速生长系数的影响。一个国家的首都、省会城市、直辖市、经济特区都属于经济、政治核心城市。首都或者省会城市是一个国家或者区域的经济、政治活动中心,是一个区域政权的集中地。经济特区在对外经济活动中多采用较国内其他地区更加开放和灵活的特殊经济政策。伴随活跃的经济与政治活动,首都、省会城市、直辖市及经济特区的人地关系与其他城市相比应该表现出不同的特点。首都、省会城市、直辖市及经济特区更多表现出经济聚集与人口聚集的特点。对以上有特殊身份的城市,选取反映城市特性的虚拟变量作为被解释变量。首都、省会、直辖市及经济特区城市赋值为1,其余城市赋值为0。

5.2.1.2 土地市场化程度

经过近20年的渐进改革,我国的土地市场已经初步形成,主要包括农地征购市场、土地一级市场、土地二级市场这样的"三级层次结构"①。土地在市场上流通主要通过以下五种途径进行。

第一,土地划拨。土地划拨有两种形式,第一种形式是将国有建设用地使用权无偿交付给土地使用者,第二种形式是在土地使用者缴纳安置费用和补偿费用后交付其使用,两种都是由县级以上人民政府依法批准。

第二,协议出让。协议出让顾名思义,即通过协议的方式,国家将建设用地使用权出让给土地使用者,并伴有年限限制。与此同时,土地使用者向国家支付土地出让金,以获得土地使用权。

第三,招标出让。招标出让是通过招标、投标的方式确定土地使用者的土地流通方式。市、县人民政府国土资源管理部门首先向特定的法人、自然人和其他组织发布招标公告或者发出投标邀请书,得到投标邀请书的组织,受邀参加国有建设用地使用权投标,并根据中标结果确定土地使用者。

第四,拍卖出让。首先市、县级政府国土资源部门发布土地拍卖公告,拍卖人在收到拍卖公告后,在指定时间和地点进行公开竞价活动,最后根据出价结果的高低,来确定土地使用者。

第五,挂牌出让。挂牌出让是市一级政府或县一级政府的国土资源管理部门首先发布挂牌公告,在挂牌公告的规定期限内,在指定的土地交易所,拟出预出让土地的交易条件,受竞人通过报价申请,时刻更新挂牌价格。在挂牌期限截止时刻,根据受竞人的报价结果确定土地使用者。

土地市场化程度可以通过土地市场化程度计算指标来衡量,具体见公式(5-1)。其中土地一级市场主要是从土地交易结构方面来反映市场化程度,这是由于一级市场涉及市场和计划两种配置方式;土地二级市场相对接近于完全的市场化机制,是土地使用者自由交易的直接场所,主要通过土地市场的活跃程度来反映市场化进程。其模型为

---

① 冯云廷.城市经济学[M].大连:东北财经大学出版社,2011:189-190.

$$LM = \frac{\sum LS_i \times W_i + LT \times W_0}{LB} \quad (5-1)$$

$$LB = \sum LS_i + LT \quad (5-2)$$

式子中:LM 是土地的市场化程度,即市场化率。LS_i 分别为一级市场各种出让方式下土地出让宗数,W_i 代表这些出让方式下对应的市场权重。其中,i 代表一级市场不同的交易方式,我国目前土地一级市场上的出让方式主要有划拨、协议、招标、拍卖和挂牌五种形式。LT 为土地二级市场交易宗数和,二级市场交易方式主要有转让、抵押和出租三种形式。W_0 为二级市场交易方式对应的权重。由于划拨、协议、招标、拍卖和挂牌是我国目前土地一级市场上的出让方式,因此,上面式子也可以细化为

$$LM = \frac{LT \times W_0 + H \times W_1 + X \times W_2 + Z \times W_3 + P \times W_4 + G \times W_5}{LT + H + X + Z + P + G} \quad (5-3)$$

式子中:H, X, Z, P, G 分别表示土地一级市场划拨、协议、招标、拍卖、挂牌出让的土地宗数,W_i 表示其对应的市场化权重。

在市场化权重 W_i 的确定方面,土地二级市场是一个相对完善的市场,因此其权重 W_0 直接赋予值1。对于土地一级市场,主要根据出让价格与正常市场价格相对值确定:划拨基本为无偿获取,权重设为0;协议方式出让土地的平均价格为正常市场价格的0.2左右,因此权重设为0.2;招标、拍卖及挂牌的价格与市场价格接近,权重设为1。

5.2.1.3 人力资本积累能力

大量高质量的学府多存在于经济发展水平较高的城市,在高质量学府较多的城市中生活,可为孩子创造更好的接受良好教育的机会。更多的就业机会、更多的人力资本及更好的教育水平是城市生活优越性的具体体现,是城市居民的生活保障,是人们定居城市的内在根本动力。研究区域拥有大量高质量基础教育机构可为孩子创造更好的接受良好教育的机会,这是人们定居城市的内在根本动力,一个地区人力资本总量越高,就吸引越多人口移入,因此,用中小学教师数量来表征"人力资本积累能力"。

5.2.1.4 自然资源禀赋

城市自然资源禀赋直接影响着区域内经济活动的类别、规模与效益,进一步会影响到人地关系发展。一般而言,由于受到"资源的诅咒"的影响,自然资

源的初始禀赋和经济发展呈现反向变化趋势,自然资源充沛的地区,区域经济反而发展缓慢,进而影响土地的开发与利用,土地的开发与利用会相对迟钝;反之,自然资源匮乏的地区,经济增长迅速,土地的开发与利用相对活跃。区域内的自然资源不仅影响着区域经济活动的类别、规模和效益,在一定程度上也决定了区域经济活动生产的现实可能性及增长能力。本书用原油产量表征自然资源禀赋情况。

5.2.1.5 基础设施建设

基础设施越完善的城市,在教育、医疗、公共卫生等资源方面越表现出更强优势,这些优势最终必定会影响该区域人地关系结果发生变化。城市发展规模通过"规模经济"推动着城市快速膨胀和经济发展,城市规模越大的城市,在教育、医疗、公共卫生等资源方面越表现出更强的优势,这些优势对人口的迁移起着重要的促进作用。

社会生产与居民生活在公共服务方面的物质保证由基础设施提供,城市规模与基础设施发展正向相关,受到"大城市战略"的影响,城市规模越大,基础设施越完善;反之,城市规模小,则基础设施相对简陋。社会性基础设施和生产性基础设施是基础设施的两个主要组成部分。基础设施越是完善,越可能减少生产过程中的各种成本,从而提高经济效益与发展速度。经济的发展必定会影响该区域的人地关系结果发生变化①。本研究以年末实有城市道路面积表征基础设施供应情况,进而表征城市发展规模大小。

5.2.2 数据来源

本部分选取了2006—2016年全国293个地级及以上城市的面板数据作为研究样本,包括土地、人口在内的所有研究数据均为全市层面的数据。为了统一量纲,部分变量在实际模型中进行对数变化。本部分使用的土地市场化率数据来源于《中国国土资源年鉴》;中小学教师数量、原油产量和城市道路面积数据来源于《中国区域经济统计年鉴》;通过对异速生长模型的拟合,得到的异速生长系数数据来源于历年《中国城市统计年鉴》。

---

① 冯云廷.城市经济学[M].大连:东北财经大学出版社,2011:106-184.

5.3 实证结果与分析

在进行模型设定、变量选取后,结合 stata12.0 计量分析软件对模型进行面板数据回归,并得出相应的参数估计,结果如下(表 5-1,5-2)。

表 5-1 异速生长系数回归分析结果(一)

变量名	全国			东部			中部		
	混合效应	固定效应	随机效应	混合效应	固定效应	随机效应	混合效应	固定效应	随机效应
location	-1.297**	-1.272***	-1.323**	-2.632*	-2.665***	-2.581**	-2.773**	-2.718**	-2.530*
	(0.563)	(0.318)	(0.5292)	(1.356)	(0.615)	(1.122)	(1.451)	(1.423)	(1.317)
LM	3.041***	2.981***	3.101*	3.886*	3.735***	3.810***	3.696*	3.623**	3.552**
	(0.737)	(0.545)	(1.623)	(2.035)	(0.908)	(0.808)	(1.935)	(1.415)	(1.393)
lnteacher	0.208*	0.204*	0.212**	1.372**	1.319**	1.345***	1.761**	1.727**	1.693***
	(0.108)	(0.106)	(0.1104)	(0.5488)	(0.216)	(0.208)	(0.765)	(0.751)	(0.333)
lnresouce	-0.007**	-0.00714***	-0.007***	-0.009***	-0.00881***	-0.009*	-0.036**	-0.037**	-0.036*
	(0.0030)	(0.00203)	(0.00132)	(0.00192)	(0.00239)	(0.0046)	(0.0212)	(0.0156)	(0.0187)
lnfacilities	0.490***	0.480***	0.499**	2.463***	0.659***	2.414***	3.311***	3.246***	0.7955***
	(0.1225)	(0.1333)	(0.217)	(0.222)	(0.07775)	(0.422)	(0.486)	(0.686)	(0.14375)
常数项	-8.498**	-8.331***	-8.668	-15.523**	-14.92***	-15.218*	-7.023*	-6.885	-6.750
	(3.694)	(2.693)	(7.121)	(8.085)	(4.155)	(7.877)	(3.676)	(7.213)	(5.285)

表 5-2 异速生长系数回归分析结果(二)

变量名	西部			东北		
	混合效应	固定效应	随机效应	混合效应	固定效应	随机效应
location	-1.080*	-1.102*	-1.059*	-5.134***	-4.935***	-5.034**
	(0.562)	(0.571)	(0.548)	(1.058)	(1.218)	(2.188)
LM	2.459*	2.508*	2.411*	4.000***	3.845**	3.922***
	(1.274)	(1.306)	(1.256)	(1.021)	(1.604)	(1.117)
lnteacher	0.376**	0.384***	0.369**	1.924***	1.849***	1.886**
	(0.169)	(0.106)	(0.158)	(0.400)	(0.299)	(0.753)
lnresouce	-0.001*	-0.001**	-0.0011*	-0.034**	-0.0329**	-0.034**
	(0.00512)	(0.00598)	(0.00057)	(0.0148)	(0.0148)	(0.0152)
lnfacilities	0.983***	1.003**	0.964***	0.714**	0.686	0.700**
	(0.260)	(0.360)	(0.259)	(0.306)	(0.490)	(0.274)

续表

变量名	西部			东北		
	混合效应	固定效应	随机效应	混合效应	固定效应	随机效应
常数项	-8.327	-8.494**	-8.164***	-21.339*	-20.51***	-20.920*
	(3.674)	(4.129)	(2.267)	(6.162)	(5.397)	(10.895)

说明:表 5-1 和表 5-2 中,括号中的数字表示的是标准差;＊＊＊表示变量估计值在 1% 水平上显著,＊＊表示变量估计值在 5% 水平上显著,＊表示变量估计值在 10% 水平上显著,没有标注＊的表示变量未通过显著性检验。

对计量模型使用包括全国、东部、中部、西部、东北五个数据范围,并分别进行面板数据的混合效应及面板数据的固定效应、随机效应回归,得到如上表 5-1 与表 5-2 的回归结果。

首先,在全国及四大板块的三种估计方法中,方程整体通过 5% 的显著性检验,获得较好的回归结果。其次,在固定效应和随机效应的模型选择中,根据豪斯曼检验结果,全国的数据通过 1% 的显著性检验,东部与东北通过 5% 的显著性检验,所以全国、东部、东北三个区域数据结果采用固定效应模型,其余的中部与西部没通过显著性检验,采用随机效应模型。

全国和东、中、西、东北四大板块数据范围的结合得到的估计结果包括以下几个方面的内容。

5.3.1 行政区位变量对人地异速生长的影响

行政区位对异速生长系数变化作用为负,影响显著,行政区位特殊的城市异速生长系数要普遍低于一般城市的异速生长系数。对虚拟变量的赋值主要根据其行政区位性质的不同。首都、省会、直辖市及经济特区对其赋值为 1,其余城市赋值为零。行政区位条件体现为城市政治位置、经济政策对其异速生长系数的影响。一个国家的首都、省会城市、直辖市、经济特区都属于经济、政治核心城市。首都或者省会城市是一个国家或者区域的经济、政治活动中心,是一个区域政权的集中地。经济特区在对外经济活动中多采用较国内其他地区更加开放和灵活的特殊经济政策。伴随活跃的经济与政治活动,首都、省会城市、直辖市及经济特区的人地关系与其他城市相比应该表现出不同的特点。首都、省会城市、直辖市及经济特区多表现出经济聚集与人口聚集的特点。对全国及东、中、西、东北五个经济区根据行政区位的不同进行虚拟变量的赋值，并回归后得到如下结论。首先，全国及东部、东北地区参数估计值通过了1%的显著性检验，中部、西部地区参数估计值通过了10%的显著性检验。其次，通过显著性检验的地区，参数估计值均为负数。这说明在通过显著性检验的地区，具有特殊行政性质的城市异速生长系数值低于其他城市异速生长系数值。具有特殊行政性质的城市，首都、省会、直辖市、经济特区，异速生长系数值较低，在这些城市中人口的相对增长速度快于土地的相对增长速度。这是由于具有特殊行政性质的城市，多是政治、经济、科教、文化及交通中心，这些城市表现出明显的经济和人口集聚现象。

东北地区参数估计值最低，为-4.935，较低的参数估计值表明，东北地区具有特殊行政地位的城市与一般城市的异速生长系数相差最远，东北地区具有特殊行政地位的城市异速生长系数最低；东北地区异速生长系数最低的主要为人地收缩关系类型，这主要与东北三省人口流失现象密不可分。2006—2016年，东北三省内部人口流失区占据多数，并呈现空间扩张状态，人口迁出强度较大的城市多分布在吉林、辽宁等的省会周边，其中也包括伊春、舒兰、九台等资源枯竭型城市。从2006—2016年，人口净迁入市开始出现向少数地区集聚的空间极化特征，从人口数量看，人口净迁入超过10万的主要为沈阳市、长春市、哈尔滨市、大连市。东北地区大多数城市的人口流失，与主要省会大城市的人口集聚现象形成鲜明对比，促使东北地区具有特殊行政地位的城市与一般城市具有明显的异速生长系数差距，东北地区的虚拟变量参数估计值为负，且最低。

比东北地区参数估计值稍高的是东部地区，其参数估计值是-2.665。东部沿海地区经济迅速发展，是我国经济发展的主力军，东部地区面向海洋，背靠大陆，地表平坦，气候温和，雨量充沛，人口密集，交通方便，历史开发较早，技术条件较好，宜于工农业生产的发展，是我国经济最发达的经济带。东部地区的"长三角城市群"与"珠三角城市群"是带动全国经济发展的两大引擎，大量人口的流入使得东部地区上海、苏州、杭州、深圳等城市具有较快的人口生长速度，具有特殊行政地位的东部城市和东部其他城市相比，异速生长系数表现出较低特征。

中部和西部城市的行政区位参数估计值处于一般水平，分别为-2.530和

−1.059,表明中部和西部地区具有特殊行政级别的城市与其余城市异速生长系数差异较小,这是由于中部和西部经济发展水平不高,具有特殊行政级别的城市和其他城市相比不具有特别明显的级别优势,在吸引人口流入及土地扩张方面没有表现出太大优势,于是中部和西部具有特殊行政级别的城市异速生长系数和其他城市差异较小。

从全国角度看,全国范围内,虚拟变量的参数估计值也为负数,表明在全国范围内,普遍存在着具有特殊行政地位的城市异速生长系数低于一般城市的现象。总之,通过对不同行政地区城市的虚拟变量的设定,可以明显地看出,具有特殊行政地位的城市普遍异速生长系数要低于一般城市,这是由于首都、省会、直辖市及经济特区多是经济、政治、文化、教育、交通中心,有明显的人口聚集现象,异速生长系数普遍较低,人口的生长速度普遍大于土地的生长速度。

5.3.2 土地市场化率变量对人地异速生长的影响

土地市场化率对异速生长系数变化作用为正,影响显著。

土地市场化程度完善与否对土地资源的优化配置起到了重要作用,进而会关系到整个社会是否能健康、持续发展。中国目前土地的市场化进程发展不平衡,东部市场化进程快,西部市场化进程慢,由东向西逐步下降。土地市场化率对异速生长系数的影响,在不同的区域有着较大区别,土地市场化率参数估计值的特征可以总结为以下两个方面。首先,土地市场化率的参数估计值均为正数。通过显著性检验的全国及四大板块,土体市场化率的参数估计值均为正数,并且全国及东部地区全部通过1%的显著性检验,中部和东北地区通过5%的显著性检验,西部地区通过10%的显著性检验。土地市场化率的参数估计值为正值表明土地市场化率和异速生长系数之间为正向变化的关系。其次,土地市场化率的参数估计值整体相对较大。与其他影响因素参数估计值相比,土地市场化率的参数估计值较大。

全国的土地市场化率的参数估计值为2.981,通过1%的显著性检验;四大板块的土地市场化率的参数估计值从高到低依次为东北、东部、中部、西部。东北地区土地市场化率的参数估计值最高,高达3.845,通过5%的显著性检验;其次为东部地区,东部地区的土地市场化率参数估计值为3.735,通过1%

的显著性检验;随后为中部,参数估计值达到 3.552,通过 5% 的显著性检验;最后为西部地区,参数估计值为 2.411,通过 10% 的显著性检验。以上结果表明,土地市场化率是影响异速生长系数发生变化的重要因素,同时两者呈现正向变化关系,土地市场化率越高的地区,相应地异速生长系数会越大;土地市场化率越低的地区,相应地异速生长系数会越小。土地市场化程度一般分为 5 级,分别是高市场化水平、较高市场化水平、中等市场化水平、较低市场化水平、低市场化水平。从分级的结果来看,东部地区土地的市场化程度均处于较高及以上水平,高市场化水平的省区主要分布在东部地区和东北的黑龙江省;中等市场化水平的地区主要分布在中部的河南、山西。土地市场化率越高,则土地交易越频繁,从而土地的生长速度会越快速。由第 4 章全国异速生长系数空间分布规律可知,东部地区异速生长系数较高,中部次之,西部较小。全国各个省区的土地市场化程度的分布基本上表现为由东向西不断地降低趋势,西部大部分省区的土地市场化水平相对较低。所以东部地区土地市场化率高,土地交易活跃,从而异速生长系数整体相对较高;西部地区土地市场化程度较低,土地交易不活跃,从而异速生长系数整体相对较低,土地生长速度相对较为缓慢。但它们都属于正异速生长类型,土地的相对生长速度都大于人口的相对生长速度。

5.3.3 人力资本积累能力对人地异速生长的影响

人力资本积累能力整体估计参数全部为正数,东部、中部、东北通过 1% 的显著性检验,全国与西部分别通过 10% 和 5% 的显著性检验。人力资本积累能力参数估计值较高。在 2005 年以后,人力资本积累能力对人口迁入呈现 U 形效应,人力资本积累能力对人口流入起着加速和促进作用。以教育为原动力促使人口迁移,人口被流入城市土地扩张面临巨大压力,土地生长速度不断上升,致使异速生长系数也不断上升。

人力资本积累能力表征某个区域的可得到的教育机会多少重要变量,农民选择迁移的重要原因是城市中丰富的、优质的教育资源,特别是基础教育。

城市教育规模对人口的流入有显著的促进作用①,即人力资本积累能力对人口的流入起着加速和促进的作用。教育迁移是中国城市化的主要驱动力,那些未成年的学龄儿童成为城市化的主要驱动力。

拥有优质和大规模人力资本积累能力的城市会吸引大量人口流入,根据教育资源会影响人口集聚的特征,可以进一步对人口空间分布进行合理优化。

市辖区在人力资本积累和公共资源服务的供给两方面都较为集中,人口集聚一般会以市辖区为核心形成集聚区,市辖区对人口集聚具有持续吸纳作用。所以,以教育为原动力促使的人口迁移,使得人口被流入城市土地扩张面临巨大压力,呈现出土地增长速度不断上升的趋势,致使异速生长系数也不断上升。

5.3.4 自然资源禀赋变量对人地异速生长的影响

自然资源禀赋和异速生长系数呈现负向变化关系,参数估计值整体较小。以区域内的劳动力数量作表征初始资源禀赋差异的解释变量。通过计量模型回归,得到初始资源禀赋的参数估计特征,主要特征有以下三个方面。其一,全国及四大板块全部通过了参数的显著性检验,其中,全国和东部通过1%的显著性检验,中部、西部通过10%的显著性检验,东北通过5%的显著性检验。其二,通过显著性检验的全国及四大板块,参数估计值均为负数,表明异速生长系数和初始资源禀赋呈现负向变化的关系。初始的资源禀赋越小,异速生长系数越大;反之,初始的资源禀赋越大,异速生长系数越小。其三,虽然参数估计值为负数,但是整体数值较小,参数估计值大部分是从小数点后第三位开始,表明初始资源禀赋对异速生长系数的影响力度不大。

发展经济学中有一个著名命题称为"资源的诅咒"②,指经济增长会受到自然资源的限制作用。资源越丰裕的经济体,其经济增长速度越慢;资源越贫乏的经济体,其经济增长速度反而越快。这主要是由于,资源贫乏的经济体更多依靠制度与技术创新,并为了实现经济快速发展,主动摆脱传统的经济增长

---

① 王智勇.基础教育与人口集聚:基于地级市面板数据的分析[J].人口与发展,2017,23(6):14-24.

② 徐康宁,王剑.自然资源丰裕程度与经济发展水平关系的研究[J].经济研究,2006,(1):78-89.

方式。资源丰裕的经济体由于对资源具有较强依赖性,长期陷入增长陷阱,由此导致经济发展较为缓慢。因此,许多国家虽然自然资源丰裕,但经济增长速度却较为缓慢或停滞不前,自然资源成为该地区经济发展的桎梏与陷阱。资源禀赋和区域的经济增长的负相关关系,决定了资源禀赋和异速生长系数之间也呈现负相关关系。异速生长系数较大的地区,一般伴随着较为活跃的经济活动现象,从而存在较快的土地增长速度,然而由于"资源的诅咒"存在,较为活跃的经济区一般伴随着该区域的资源匮乏,所以自然资源禀赋丰裕的区域反而与异速生长系数较低的城市相伴存在。从以原油产量为表征的自然资源禀赋参数估计值结果中可以清楚地得到结论,全国范围内自然资源禀赋参数估计值为负数,表明全国范围内普遍存在异速生长系数和资源禀赋负向相关的关系,自然资源禀赋高的城市,异速生长系数反而低。总之,自然资源禀赋与异速生长系数两者存在反向变化特征,自然资源禀赋高的城市,异速生长系数反而低,土地的扩张速度同样较低;自然资源禀赋低的城市,异速生长系数反而高,土地的扩张速度较高。中国的西部地区,自然资源较为丰裕,然而西部地区经济发展较为落后,西部相对于东部、中部及东北地区,异速生长系数较低。与此相反,中国的东部地区自然资源相对较为匮乏,但中国东部经济发展水平在全中国经济发展过程中起着重要的引擎作用,从全国异速生长系数的分布规律同样可知,东部地区存在大量的异速生长系数较高的城市,即使东部相对于西部资源较为匮乏,但是经济发展较为迅速,土地生长速度较快,土地活动较为活跃,异速生长系数较高。

5.3.5 基础设施变量对人地异速生长的影响

基础设施对异速生长系数的作用为正。基础设施越完善的区域,异速生长系数越大;反之亦然。以年末实有城市道路面积为表征的城市基础设施的参数估计值主要呈现以下特征。其一,从整体上看,城市基础设施的参数估计值全为正数。这表明,基础设施与异速生长系数之间呈现正向变化的关系,基础设施越完善的区域异速生长系数越大;反之,基础设施越匮乏的区域异速生长系数越小。其二,全国范围内基础设施的参数估计值与东部、中部、西部地区基础设施的参数估计值均通过1%的显著性检验,显著性水平较高,表明基础设施与异速生长系数之间有较强的相关关系。

早在18世纪亚当·斯密就发现了基础设施对经济增长的影响①,亚当·斯密认为市场可以由交通条件的改良扩大范围,更大的市场范围对区域间的分工合作及生产率的提高有积极的促进作用。刘易斯论述:"凡是靠着海或者江河之便的国家,贸易最发达,财富也增长得最快。"②

在中国,基础交通设施对经济增长的正向促进作用主要表现在基础交通设施可以降低交易成本与运输费用,并对区域间的分工合作有积极改善作用,通过成本费用的降低与分工合作的改善,促进区域经济增长。

基础设施对经济增长的贡献主要表现在结构效应、成本效应、环境效应、资本吸引效应四个方面。加速基础设施本身产业结构升级并促进其他产业结构升级,从而带动经济全面增长,此称为基础设施的结构效应。增加基础设施投资,可提高基础设施的服务性能,对改善工作环境、降低经济成本、节约交易费用有正向作用,此称为基础设施的成本效应。基础设施可以推动人类生存环境的优化与生产安全度的提高,此称为基础设施的环境效应。基础设施的数量和质量对吸引国际资本投资有重要影响,此称为基础设施的资本吸引效应。以上效应表明基础设施是拉动经济增长的重要因素。由此可见某区域基础设施的数量和质量与该区域经济增长之间呈现正向变化的关系,该区域异速生长系数和经济增长之间同样存在正向变化的关系,所以该区域异速生长系数与该区域基础设施数量和质量之间同样存在正向变化的关系。某区域基础设施越完善,该区域经济发展越会受到长足的发展,同时该区域的异速生长系数就越高,土地交易较为活跃,土地的扩张速度较快;反之,某区域的基础设施较为落后,该区域经济发展就会受到制约,异速生长系数相对偏低。

5.3.6 初步的研究发现

从上述的分析可得出,五个解释变量在参数值大小和显著性程度两个方面,对全国和四大板块东、中、西及东北地区的异速生长系数都存在着明显的差异影响。

---

① 斯密.国民财富的原因和性质的研究[M].杨敬年,译.西安:陕西人民出版社,2001.

② 刘易斯.经济增长理论[M].周师铭,沈丙杰,沈伯根,译.北京:商务印书馆,1996.

从解释变量的参数估计值分析，城市的行政区位及城市的土地市场化率是影响异速生长系数高低的两大"重拳"。相关的数值特征包括以下三个方面。第一，在全国及其四大板块的模型估计中，城市的行政区位及城市的土地市场化率两个变量的参数估计值基本位于所有参数估计值的前列，并且参数估计值远远大于其他影响因素。第二，在全国数据分析中，城市行政区位和城市土地市场化率均通过显著性水平为1%的显著性检验，显著性水平较高。就全国整体情况而言，城市行政区位和城市土地市场化率是影响异速生长系数的重要力量。第三，在四大经济板块中，两个变量的强度和影响方式有所不同，显著性也存在着差异，但是这两个变量同样属于影响力较强的变量，同时，都通过显著性较强的参数显著性检验。

从解释变量的显著性程度分析，存在着影响异速生长系数的三个稳定因素，分别是人力资本积累能力、自然资源禀赋及基础设施完善情况。第一，以上三个因素在全国范围内均通过显著性检验，同时，在四大板块中也多数通过显著性检验，良好及稳定的显著性检验结果表明城市人力资本积累能力、自然资源禀赋及基础设施完善情况是影响异速生长系数的主要因素。第二，人力资本积累能力与基础设施完善情况对异速生长系数有较为明显的正向影响作用，自然资源禀赋对异速生长系数有较为明显的负向影响作用。人力资本积累能力和基础设施完善情况两个变量的参数估计值均为正数，这主要是由于较强的人力资本积累能力及完善的城市基础设施建设都会积极促进该地区的经济增长，该区域的经济增长速度越快，该区域的土地活跃程度越高，与此同时土地的增长速度较为快速，致使该区域的异速生长系数保持较高的水平。自然资源禀赋的参数估计值为负数，这是由于受到"资源的诅咒"的影响，自然资源禀赋较为丰裕的地区，反而无法摆脱"资源的诅咒"，结果致使初始资源禀赋较为丰裕的地区，反而经济发展速度较为缓慢，经济较为落后。中国区域经济发展呈现出明显的差异性特征，自然资源禀赋相对丰裕的中西部地区，其经济发展水平相对落后，自然资源相对匮乏的东部地区，经济发展迅速，是带动中国经济发展的重大引擎。

5.4 人地异速生长系数影响因素的贡献度分析

5.4.1 方法的选取及结果

本章以上部分主要分析了各影响因素对异速生长系数的影响大小及显著程度,为进一步明确各区域异速生长系数变化的主要影响因素,本部分深入分析各个影响因素对异速生长系数的差距贡献度,进而为建立协调合理的人地发展关系提供可参实证结果。

基于回归结果,本部分采用夏普利值分解方法,分析不同影响因素对城市间异速生长系数的差距的贡献度。

在分析夏普利值对异速生长系数差距贡献度的原理上主要有两种。第一种原理,首先获取解释变量对被解释变量的影响参数,结合影响参数的正负符号以及影响参数的绝对值大小,可以分析解释变量对被解释变量的影响方式与影响程度;然后对解释变量和被解释变量的差异程度分别进行计算,衡量该解释变量对被解释变量的贡献程度,主要通过将解释变量与各参数的估计值相结合的办法得到。第二种原理,在方程估计完成后,去除一个解释变量,并进一步测度去掉该解释变量后,方程有何种估计效果变化,将新得到的变化数值与原有的估计结果值进行比较,进而得到去掉的该变量对方程的贡献度大小。

原理不同的两种测算方法可得到含义相同的结果,较大的参数估计值表明解释变量同样的变化幅度会引起被解释变量更大幅度的变化。该影响是不同观测样本被解释变量差异的一方面。若某解释变量在样本个体间差距较小,尽管会得到较大的参数估计值,解释变量差异对被解释变量的差异贡献度也有限。夏普利值分解主要提供某一解释变量差异对被解释变量差异的贡献度度量,这种贡献程度同时取决于解释变量自身的样本个体差异程度和解释变量的参数估计值。本部分的夏普利值分解采用第二种原理计算。表 5-3 和 5-4 分别给出了各个自变量对被解释变量部分差异的贡献程度。

表 5-3　夏普利值分解结果(一)

变量	全国		东部		中部	
	夏普利值	贡献度	夏普利值	贡献度	夏普利值	贡献度
行政区位	0.0542	16.19%	0.2572	38.30%	0.1671	23.42%
土地市场化率	0.1405	43.89%	0.1996	31.32%	0.3322	62.31%
人力资本积累能力	0.0295	8.81%	0.0666	9.91%	0.0287	4.02%
自然资源禀赋	0.0423	12.63%	0.0171	2.54%	0.0397	5.57%
基础设施建设	0.0619	18.48%	0.1205	17.95%	0.0334	4.68%
总和	0.3284	100.00%	0.6610	100.00%	0.6011	100.00%

注：由于计算结果采取四舍五入，最终保留两位小数，故存在一定误差。

表 5-4　夏普利值分解结果(二)

变量	西部		东北	
	夏普利值	贡献度	夏普利值	贡献度
行政区位	0.015	10.87%	0.03196	17.53%
土地市场化率	0.0331	38.08%	0.08533	48.77%
人力资本积累能力	0.0207	15.07%	0.02548	13.97%
自然资源禀赋	0.025	18.20%	0.01636	8.97%
基础设施建设	0.0245	17.78%	0.01963	10.76%
总和	0.1183	100.00%	0.17876	100.00%

5.4.2　影响因素贡献度分析

从表5-3和表5-4可以看出，行政区位、土地市场化率、人力资本积累能力、自然资源禀赋、基础设施建设在全国及四大板块内对异速生长系数的贡献度存在差异，具体的分析如下：

行政区位在全国范围内对异速生长系数的贡献度达到16.19%，在五个影响因素中排名第三。在四大板块中，东部地区行政区位对异速生长系数的贡献度排名第一，高达38.30%；中部地区行政区位对异速生长系数的贡献度为23.42%，排名第二；排名第三的是东北地区，东北地区行政区位对异速生长系数的贡献度为17.53%；排名第四的是西部地区，西部地区行政区位对异速生长系数的贡献度为 10.87%。

土地市场化率在全国范围内对异速生长系数的贡献度高达 43.89%,是影响异速生长系数中贡献度最高的因素。在四大板块中,东部地区土地市场化率对异速生长系数的贡献度为 31.32%,低于东部地区排名第一的行政区位因素;中部地区土地市场化率对异速生长系数的贡献度为 62.31%,在所有影响因素贡献度中排名第一;西部地区土地市场化率对异速生长系数的贡献度为 38.08%,在所有影响因素贡献度中排名第一;东北地区土地市场化率对异速生长系数的贡献度为 48.77%,在所有影响因素贡献度中排名第一。

人力资本积累能力由中小学教师数量表征对异速生长系数的贡献度。在全国范围内,人力资本积累能力对异速生长系数的贡献度为 8.81%,在全国所有影响因素的贡献度中排名第五。在四大板块中,东部地区人力资本积累能力对异速生长系数的贡献度为 9.91%,在所有影响因素贡献度中排名第四;中部地区人力资本积累能力对异速生长系数的贡献度为 4.02%,在所有影响因素贡献度中排名第五;西部地区人力资本积累能力对异速生长系数的贡献度为 15.07%,在所有影响因素贡献度中排名第四;东北地区人力资本积累能力对异速生长系数的贡献度为 13.97%,在所有影响因素贡献度中排名第三。

自然资源禀赋在全国范围内对异速生长系数的贡献度达到 12.63%,在所有影响因素的贡献度中排名第四。在四大板块中,东部地区自然资源禀赋对异速生长系数的贡献度为 2.54%,这是由东部较低的资源禀赋导致的;中部地区自然资源禀赋对异速生长系数的贡献度为 5.57%;西部地区自然资源禀赋对异速生长系数的贡献度为 18.20%;东北地区自然资源禀赋对异速生长系数的贡献度为 8.97%。综合四大板块自然资源禀赋对异速生长系数的贡献度排名可以得知,西部地区自然资源禀赋贡献度较高,东部地区较低,这和西部拥有丰裕的自然资源及东部自然资源比较匮乏相吻合。

基础设施建设在全国范围内对异速生长系数的贡献度达到 18.48%,在全国所有影响因素的贡献度中排名第二。在四大板块中,东部地区基础设施建设对异速生长系数的贡献度为 17.95%,中部地区基础设施建设对异速生长系数的贡献度为 4.68%,西部地区基础设施建设对异速生长系数的贡献度为 17.78%,东北地区基础设施建设对异速生长系数的贡献度为 10.76%。从以上四大板块基础设施建设对异速生长系数的贡献度可以得知,基础设施建设对异速生长系数的影响较为稳定,是影响异速生长系数的主要原因。

通过上述分析可以看出,各个影响因素在全国和四大板块之间对异速生长系数的贡献度存在着差异性,各个影响因素贡献度在四大板块之间还存在着一些一般性的规律,主要表现在以下五个方面。

第一,行政区位是影响异速生长系数差异的重要因素。从上面的分析中可以得知,行政区位在全国及四大板块中,对异速生长系数的贡献度大部分都相当高,同时具有较好的稳定性。行政区位较高级的城市,是一个区域的政治、经济、文化中心,其经济活动多采用较国内其他地区更加开放和灵活的特殊经济政策。伴随活跃的经济与政治活动,行政区位较高级城市的人地关系与其他城市相比应该表现出不同的特点,这些城市多存在人口增长速度和土地增长速度较快的特点,人地关系较为活跃,在异速生长系数上,与其他城市有明显的区别。

第二,土地市场化率是影响异速生长系数差异的主要因素。土地市场化对土地资源的优化配置乃至整个经济社会的快速、持续发展都有着十分重要的意义。

目前我国土地市场化进程正在加速发展,东西差异正在逐渐缩小,整体上东部经济发达地区土地市场化程度要高于西部经济相对落后地区。无论是在全国范围内,还是在东、中、西、东北四大板块中,土地市场化率对异速生长系数的贡献度都相当高。在全国范围,土地市场化率对异速生长系数的贡献度达到近半,四大板块的土地市场化率对异速生长系数的贡献度在各自板块的影响因素中也是较高的,所以土地市场化率是影响异速生长系数的主要贡献因素。

第三,基础设施建设是影响异速生长系数差异的稳定因素。充足的基础设施可减少生产过程中时间损耗、信息障碍等无形损失,进而提高经济运行效率,促进经济快速高效发展,经济的发展必定会影响该区域的人地关系结果发生变化,改变该区域的人口增长速度和土地增长速度,进而改变该区域的异速生长系数值。在全国及东、中、西、东北四大板块中,基础设施建设对异速生长系数的贡献度相对较为稳定,都保持在低于20%的水平,所以基础设施建设作为影响异速生长系数的因素,在贡献度中起到稳定的作用。

第四,自然资源禀赋是影响异速生长系数差异的不可或缺因素。城市初始资源禀赋直接影响着区域内经济活动的类别、规模与效益,进一步地会影响到人地关系发展。由于"资源的诅咒"影响,自然资源的初始禀赋和经济发展呈现反向变化趋势,自然资源充沛的西部地区,区域经济发展缓慢,进而影响土地的开发与利用,土地的开发与利用并不活跃;反之,自然资源匮乏的东部地区,经济创新能力强,经济增长迅速,土地的开发与利用会相对迅速。中国自然资源禀赋有着明显的东贫西富的规律,所以异速生长系数由东向西也遵循着明显的规律变化特征,自然资源禀赋对异速生长系数的贡献度,无论从全国还是四大板块来看,百分比都不算高,但是影响力不可或缺。

第五,人力资本积累能力是影响异速生长系数差异的驱动因素。人地关系活跃程度分别由人口活跃程度和土地活跃程度决定。土地市场化率是区域内土地活跃程度的重要表征,与其对应,人力资本积累能力越强,城市向往力越大,更多的人口将流向该城市,人口活跃程度越高,对异速生长系数的影响越明显。全国及四大板块的人力资本积累能力贡献度都在4%~16%,人力资本积累能力驱动人口迁移,进而改变该区域的异速生长系数。

5.5 "人"与"地"影响的制度作用机理

城市行政区位和土地市场化率两个影响因素相互助力,共同改变城市人地异速生长关系现状。城市行政区位作用于人地异速生长关系中"人"的部分,土地市场化率作用于人地异速生长关系中"地"的部分。人口数量变化与土地面积变化的主要影响因素及人地异速生长关系变化的相互作用机理可用图5-1表示。

人地异速生长关系主要由"人"与"地"两大部分共同作用。图5-1的左半部分表示城市行政区位、大城市发展战略和公共服务质量三大要素共同作用于人地异速生长关系中"人"的部分。城市竞争力水平及城市辐射能力的增强,将提高城市对人口的吸引力与凝聚力。大量人口快速向城市集聚,致使城市人口相对增长速度快速提高。当人口的相对增长速度大于土地的相对增长速度时,异速生长系数下降,异速生长类型由正转负。

中国城市行政区位级别与城市规模等级高度统一,级别高的城市有更强的人口集聚能力。中国城市政治行政地位与城市规模等级呈现同向变化关

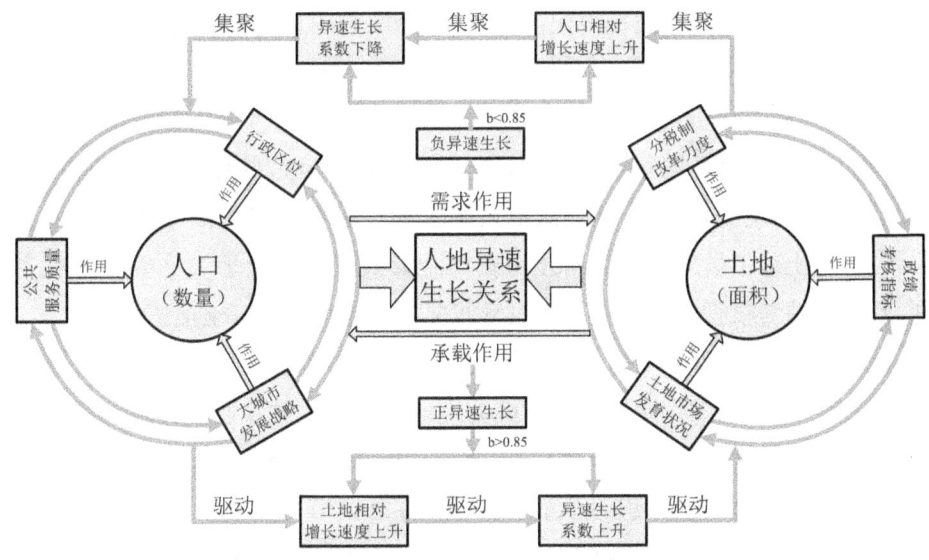

图 5-1 城市人地异速生长关系作用机理图

系,这是中国行政体系与城市系统同构性和一致性的显著特点。少数具有特殊的政治和行政地位的特大城市,在竞争中对资源占有、分配和控制能力方面凸显优势,大量人口快速向大城市集聚。

大城市发展战略的积极实施,有力牵移了人口流动方向。中国在城市化过程中坚持"抓大带小,以城带乡"发展战略,在此战略指导下,大城市对资金、人才、信息等市场要素的集聚能力较为显著。

城市公共服务供给是城市发展的重要方面,大城市在公共服务供给方面相比小城市更具优势。城市的行政等级与公共服务资源配置权力成正比,等级越高,权力越大,资源配置能力越强,公共服务资源便会集中于行政级别高的城市。从而会导致城市之间因为行政等级的不同而出现公共服务质量的差异,这种差异会进一步导致人口向大城市集聚。公共服务质量差异主要表现在基础教育、医疗保障、公共科技、文化资源及安全保障资源方面。大城市所拥有的优质公共服务资源与其他城市相比,具有较强的稀缺性特点。城市资源的稀缺性决定人口的流动规模及方向。在大城市,享有优质大量工作机会及公共服务资源所带来的收益要大于在大城市面临的压力及环境问题所带来的成本。收益大于成本进一步推动了人口向大城市的集聚。

根据异速生长模型理论,若人口的相对增长速度大于土地的相对增长速度,则异速生长系数下降,城市向高层发展,土地利用呈现集约趋势,如图 5-1 上半部分所示。

图 5-1 的右半部分表示分税制改革力度、政府政绩考核指标及土地市场发育状况三大因素共同作用于人地异速生长关系中"地"的部分。土地扩张与分税制改革力度关系紧密,地方政府政绩考核制度会间接扭曲城市人地关系协调发展,土地市场发育程度对土地资源配置效率影响显著。分税制改革力度、政府政绩考核指标及土地市场发育状况共同作用于城市土地扩张速度。

土地市场的发育程度对土地资源的配置效率影响显著。城市土地市场化率对异速生长系数的作用为正。较高的土地增长速度对异速生长系数有较强拉升作用。市场化指经济活动的资源配置功能要以市场为主,市场机制对经济活动的作用和影响程度应随着市场对资源的调节力度和作用的增强而加强。政府过多干预市场会致使土地资源有效配置欠佳,运行效率降低。二元所有制结构下,农地资源非农化以及建设用地有序转变是一个长期过程,该过程会受到政策制度、地理区位、社会经济发展水平的综合影响,由此,中国的土地市场化程度呈现出区域发展不平衡趋势,由东向西土地市场化程度逐渐下降。大力发挥市场机制在土地资源配置中的基础与主导作用,对实现土地资源在不同区域有效、合理利用起到积极作用。

根据异速生长模型理论,土地的相对增长速度大于人口的相对增长速度时,异速生长系数上升,城市向低层发展,土地利用呈现粗放趋势,如图 5-1 下半部分所示。

图 5-1 的中间部分表示城市"人"与"地"两种力量共同作用并改变城市人地异速生长关系类型。人地异速生长关系分为两种类型:正异速生长和负异速生长。正异速生长会引起异速生长系数上升,土地扩张速度增快;负异速生长会引起异速生长系数下降,人口增长速度上升。在人口快速集聚到城市的过程中,城市土地对人口起到重要承载作用。在城市土地面积被驱动过程中,城市人口对土地构成重要需求作用。城市人口的增长与城市土地的扩张共同作用并改变城市人地异速生长关系。城市人地异速生长关系由此变化,循环往复。

5.6 本章小结

本章选取了行政区位、土地市场化率、人力资本积累能力、自然资源禀赋、基础设施建设五个因素作为解释变量,选取各个城市异速生长系数值作为被解释变量,运用stata12.0软件在全国293个地级及以上城市和东部、中部、西部及东北地区进行混合效应、固定效应和随机效应的面板回归。

五个影响因素中行政区位和自然资源禀赋的参数估计值为负数,表明行政区位和自然资源禀赋两个变量与异速生长系数呈反方向变化的关系。其中行政区位参数估计值的绝对值相对较大,全国及四大板块分别通过不同水平的显著性检验。自然资源禀赋参数估计值的绝对值相对较小,全国及四大板块分别通过不同水平的显著性检验。土地市场化率、人力资本积累能力和基础设施建设的参数估计值为正数,表明土地市场化率、人力资本积累能力、基础设施建设与异速生长系数呈同方向变化的关系。其中,土地市场化率的参数估计值较大,全国及四大板块分别通过不同水平的显著性检验;人力资本积累能力在全国范围及四大板块分别通过不同水平的显著性检验;基础设施建设的参数估计值为正值,其中全国及东、中、西部地区分别通过不同水平的显著性检验,东北地区没有通过显著性检验。

通过影响因素的显著性分析,得出土地市场化率及行政区位是目前影响城市异速生长系数的主要力量。从全国范围看城市人力资本积累能力的显著性水平较低,但通过检验,表明城市人力资本积累能力是影响城市之间异速生长系数差异的次要力量。自然资源禀赋,虽参数估计值较小,但是在全国范围内显著性水平较高,在调整区域人地关系时,自然资源禀赋是不可或缺的影响因素。城市基础设施建设虽然在东北地区没有通过显著性检验,但是全国及多数地区都通过了较强的显著性检验,表明城市基础设施建设是影响区域人地关系的稳定因素。

通过夏普利值方法结合行政区位、土地市场化率、人力资本积累能力、自然资源禀赋、基础设施建设五个因素对异速生长系数差距的贡献度进行分析,得出土地市场化率是影响异速生长系数差异的主要因素,行政区位是影响异速生长系数差异的重要因素,基础设施建设是影响异速生长系数差异的稳定因素,自然资源禀赋是影响异速生长系数差异的不可或缺因素,人力资本积累能力是影响异速生长系数差异的驱动因素。

综合考虑显著性及夏普利值分析结果,可以发现土地市场化率和行政区位是影响异速生长系数稳定性强和贡献度高的因素,各个区域异速生长系数的差异是各种影响因素共同作用的结果。

本章最后结合实证结果对"人"与"地"背后的制度作用机理做进一步深入分析,城市行政区位、大城市发展战略和公共服务质量三大要素共同作用于人地异速生长关系中"人"的部分,分税制改革力度、政府政绩考核指标及土地市场发育状况三大因素共同作用于人地异速生长关系中"地"的部分。城市"人"与"地"两种力量共同作用并改变城市人地异速生长关系类型。正异速生长会引起异速生长系数上升,土地扩张速度增快;负异速生长会引起异速生长系数下降,人口增长速度上升。在人口快速集聚到城市的过程中,城市土地对人口起到重要承载作用。在城市土地面积被驱动过程中,城市人口对土地构成重要需求作用。城市人口的增长与城市土地的扩张共同作用并改变城市人地异速生长关系。城市人地异速生长关系由此变化,循环往复。

6 城市竞争、人口迁移与城市人地异速生长

第5章从静态角度考察了多种影响因素对城市人地异速生长系数的变动作用力。城市之间竞争优劣势差异致使人口迁移,城市之间竞争力差异是人口迁移的根本动力。本章从动态的角度,通过对城市综合竞争力水平和人口迁移的空间差异性特征进行分析,挖掘人口增长和土地扩张的动态过程及其内在演化动力,并将城市综合竞争力指标、城市人口迁移指标作为输入指标及将人地异速生长系数指标作为输出指标构建人地协调发展的效率模型,进一步深入分析人口迁移动态背景下,城市人口与土地异速生长关系,为第7章政策取向的阐述铺垫理论基础。

6.1 城市竞争力背景下人地关系的动态变化

6.1.1 城市竞争力与城际人口迁移

有较强城市竞争力的城市,有更高的城市生产率和更强的吸纳就业人口的能力。生产率越高、环境越好的地区,就有越多的人力资本聚集。人才选择区位是一种内生行为,区位选择会考虑工资、居住成本和偏好与城市舒适收益的匹配等因素。相应地,企业会根据人力资本、土地成本及其与城市特征间的匹配等来内生选择区位。

城市竞争力提升的核心关键是人力资本。人力资本作为生产要素之一,

在促进经济增长的过程中日益发挥重要作用。人力资本理论的提出将人力作用凸显出来，并标志着人口理论从关注人口数量到关注人口质量的转变。罗默在20世纪90年代进一步完善了人力资本理论，他认为人力资本的投入是促进经济增长的重要因素，合理比例的人力资本投入可以带来经济规模效益向递增趋势发展。卢卡斯提出重要的人力资本内生性经济增长理论，经济增长模式的选择必须考虑人力资本要素的投入，专业化的知识和人力资本投入可以带来经济规模效益递增发展。人力资本高的城市具有更好的基础设施、更合理的产业结构及更好的生存环境，即人力资本外溢效应。以上条件会促使城市形成更强的经济集聚能力，对外辐射、对内稳定并发展，城市竞争力进而大幅提高，此即为人力资本与城市竞争力的互动、互促与互发展作用机制。

结合我国实际情况，我国东部沿海地区经济发展迅速，珠三角、长三角和京津冀都市圈在推动中国经济发展中起到重要引擎作用，中国经济发展东部强、西部弱的区域非均衡格局较为显著。较强的区域经济竞争力带来巨大的经济辐射与吸引能力，大量优质人力资本迁移过来，经济集聚与人口集聚相互促进、共同发展。随着人口流动规模与流动速度的提升，原始的人口结构必被打破，形成以城市竞争力为核心引力的新的人口集聚格局。

2016年李克强总理在召开国务院常务会议时重点强调，深入推进以人为核心的新型城市化是中国城市化发展的最大潜力所在。根据人力资本内生性经济增长理论，增强城市竞争力的核心是高质量人力资本的集聚。通过高技能的人才引进，提高城市内在发展动力，增强城市竞争力水平。

6.1.2 城市竞争力与城市人地关系

土地是人类生存的物质基础，是各种社会关系的空间凝结。土地利用系统具有明显的时间感和空间感。城市竞争力通过产业结构、社会结构、环境结构等层面对土地利用系统产生影响。

在城市规模由小到大、功能由单一到综合的演化过程中，城市综合功能也会逐渐强大，城市综合竞争力水平将进一步提高，城市竞争力所产生的经济辐射与吸引力会进一步影响到城市土地规模的变动，进而城市人地关系发生变化。因而从某种意义上讲，城市竞争力根植于城市本身，城市竞争力的改变会影响产业机构调整和经济水平的发展，进而吸引人力资本流入并改变人地相对关系。

城市竞争力主要影响土地利用的规模、土地结构和利用效率三方面。首先,城市竞争力强的城市,城市规模普遍较大,城市规模大进而会促进城市集聚经济凸显作用,从而人口流入与土地扩张现象并存。其次,城市竞争力强的城市多集中在行政级别较高的大城市或超大城市,这些城市人口相对增长速度较快,土地资源有限并稀缺,在稀缺的土地资源背景下,合理的土地利用结构显得尤为重要,因此城市竞争力强的城市普遍土地利用结构更加合理。最后,与土地利用结构合理性相似,土地资源稀缺,土地利用结构合理,必然会使土地利用效率大幅提高,城市竞争力与土地利用结构和效率互相促进、共同发展。

图 6-1 概括了一个基于城市竞争的人口与土地的结构性关系:

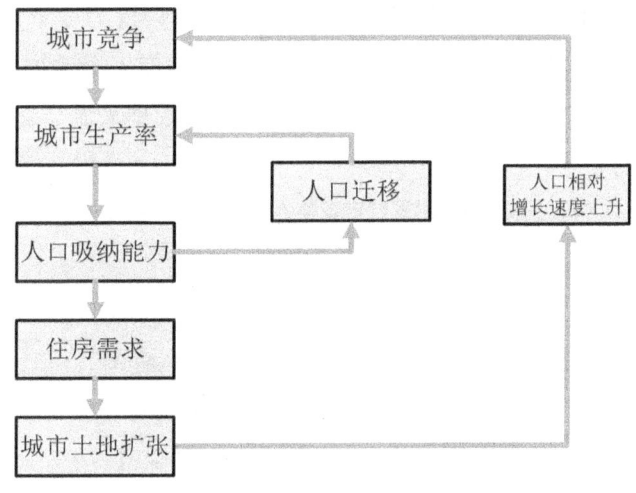

图 6-1　城市竞争对人口与土地的结构性关系影响

由城市优势带来的人口迁居,特别是人力资本的转移决定了区域间或城市间房价的总水平,进而决定了城市土地需求水平。因为伴随着人口迁移引起的人力资本区域转移,在使人口流入地区与流出地区的人力资本总水平发生改变的同时,也带来了对城市住房和土地的需求。

优质的人力资本与劳动力对商品、服务、城市环境和公共服务都有更高的要求,同时,优质的人力资本具有与其价值相匹配的收入水平,因此人力资本的集聚规模和速度必然成为影响城市住房和土地市场的最重要变量。人口迁居规模尤其是人力资本的集聚是一个城市住宅价格快速上涨的基础性原因。

6.1.3 城市竞争力评价

城市竞争力是城市本身在城市发展过程中,对其他城市所表现的对外吸引力及辐射力。同一个城市在不同发展阶段表现出不同水平的城市竞争力,城市竞争力是一个会随时间迁移、区域变动而改变的动态指标。

6.1.3.1 城市竞争力评价指标体系的构建

在针对性、可比性、可操作性、实用性选取原则的指导下,从经济发展情况、基础设施完善情况、科学教育与文化水平、对外开放程度和环境优化水平5个方面的城市竞争力研究入手,共选取21个指标,对全国285个地级市进行分类评价和综合评价(由于个别城市数据缺失,在研究城市竞争力时,最终确定为285个地级市)。该指标体系包括两个层次:第一层为要素层,包括居民生活水平、经济综合实力、基础设施建设、对外开放程度4个系统层指标;第二层为变量层,包括21个基本变量。如表6-1所示,数据来源于2016年《中国城市统计年鉴》。

表6-1 中国城市竞争力评价指标体系

要素层	变量层
居民生活水平	第三产业从业人员数
	职工平均工资
	城乡居民储蓄额
	人均地区生产总值
	城镇职工基本养老保险参保人数
	城镇基本医疗保险参保人数
	失业保险参保人数
经济综合实力	固定资产投资
	社会消费品零售总额
	地方财政一般预算收入
	地区生产总值

续表

要素层	变量层
基础设施建设	普通中学学校数
	小学学校数
	百人公共图书馆藏书
	医生数
	建成区绿化率
	建成区面积
对外开放程度	国际旅游外汇收入
	货物进出口总额
	外商企业投资个数
	外商投资企业工业总产值

6.1.3.2 城市竞争力评价方法和模型

主成分分析通过数据降维,把多个变量指标转变为几个有代表性的综合指标,来解释变量之间的相关关系。结合 SPSS 分析软件,在消除数据量纲影响的基础上,提取主成分,计算因子变量的负载值,并计算主成分得分,公式如下:

$$Z_i = \sum_{i=1}^{n} \frac{X_{ij} L_{ij}}{\sqrt{\lambda_i}} \qquad (6-1)$$

式子中 Z_i 为第 i 个主成分的得分,X_{ij} 为 i 城市第 j 个指标的标准化数值,L_{ij} 为第 i 个主成分上第 j 个指标相对应的载荷值,λ_i 为第 i 个主成分对应的特征根。n 为指标数,21 个。

城市竞争力得分计算方法如下:

$$Z = \sum_{i=1}^{n} \frac{Z_i C_i}{C_n} \qquad (6-2)$$

其中,Z 为城市的综合竞争力得分,Z_i 为第 i 个主成分的得分,C_i 为第 i 个主成分的方差贡献率,C_n 为方差贡献率之和。

6.1.3.3 主成分可行性检验与提取

首先对变量进行主成分可行性检验,KMO 值为 0.94,接近于 1,非常适合做主成分分析;同时 Bartlett 球形度检验近似卡方值为 12980.811,自由度为

210,对应的相伴概率为 0.000<0.05,并通过显著性检验。以上结果表明大部分变量有很高的相关性,适合进行主成分分析。本书使用主成分法对变量进行主成分分析,把排序前几位的主成分作为原始公因子。依据上述标准对主成分分析结果提取 3 个主成分,累计方差贡献率为 86.21%,表明绝大部分信息被 3 个主成分解释,说明模型对数据的解释能力较好,3 个主成分特征值与方差贡献率如表 6-2 所示。

表 6-2　主成分特征值与方差贡献率

主成分	特征值	贡献率/%	累计贡献率/%
F_1	15.537	73.987	73.987
F_2	1.387	6.607	80.594
F_3	1.179	5.615	86.209

6.1.3.4　因子综合得分及评价

前面计算所得的 3 个主成分即为原始公因子,通过主成分法确定因子载荷矩阵,因子载荷矩阵是标准化数据与因子相关系数矩阵。在此选择回归法作为因子得分估计法。建立因子矩阵 F 对标准化数据矩阵 Z 的回归方程,回归系数矩阵即因子得分矩阵,由因子载荷矩阵的转置乘以样本相关矩阵的逆矩阵获得。将因子得分矩阵与标准化数据相乘即得到对应因子的得分序列表达式子:

$$F_j = \sum_{i=1}^{n} R_{ij} Z_i \qquad (6-3)$$

其中,F_j 为第 j 个序列因子得分系数,R_{ij} 为与第 i 个序列标准化数据对应的第 j 个因子的特征值,Z_i 为第 i 个序列的标准化数据。

城市竞争力综合得分值的计算表达式为

$$F = \sum_{j=1}^{n} \frac{F_j L_j}{L} \qquad (6-4)$$

其中,L_j 为第 j 个因子的方差贡献率,L 为所有因子的累计方差贡献率,F 为所有因子的综合得分值。2016 年中国 285 个地级市城市竞争力的综合得分值结果见附录,表中分为四列展示各个地级市城市竞争力的 3 个主成分得分及综合得分,得分大于 0 表示城市该项得分在平均水平以上,小于 0 表示城市该项得分在平均水平以下。

因子综合得分大于0表示城市竞争力在平均水平以上,因子综合得分小于0表示城市竞争力在平均水平以下。从第一名综合竞争力得分最高的城市上海的7.033,到最后一名综合竞争力得分最低的城市甘肃省陇南的-0.833,充分表明中国城市综合竞争力水平在各地级市之间差异显著。城市综合竞争力得分在平均水平之上的地级市共有78个,占所研究地级市总数量的27.37%;城市综合竞争力得分在平均水平之下的地级市共有207个,占所研究地级市总数量的72.63%。

根据城市综合竞争力得分,将城市综合竞争力水平分为四个等级①。

北京、上海、广州、深圳为第一等级,城市综合竞争力得分在3.5~7.5,上海最高为7.033,北京、上海、广州、深圳是中国在全球的代表性城市。

天津、重庆、成都、杭州、南京、苏州、东莞、武汉、佛山、青岛、大连、宁波、沈阳、西安、济南为第二等级,城市综合竞争力得分在0.954~3.5,以新一线城市为主。新一线城市拥有雄厚的经济基础和庞大的中产阶层人群以及可观的政治资源,多为区域中心辐射力城市。

无锡、厦门、长沙、郑州、常州、长春、烟台、合肥、哈尔滨、福州、珠海、昆明、南宁、惠州、中山、淄博、南通、咸宁、南昌、乌鲁木齐、石家庄、太原、贵阳、绍兴、包头、徐州、东营、扬州、温州和大庆为第三等级,城市综合竞争力得分在0.22~0.953,主要以二线城市为主。二线城市经济发展势头迅猛,在国民经济中所占比重逐年提高。同时,有些二线城市发展速度已经超越一线城市,是带动经济发展的"第二套发动机"。

唐山、汕头、镇江、威海、银川、柳州、江门、盐城、嘉兴、兰州、芜湖、廊坊、呼和浩特、泉州、泰州、鄂尔多斯、潍坊、淮安、舟山、克拉玛依、九江、临沂、连云港、台州、三亚、洛阳、济宁为第四等级,城市综合竞争力得分在0~0.22,以三线城市为主,且城市综合竞争力大于0。这些三线城市多是东部城市群中的经济发达城市。以上三线城市,各项基础设施配套完善,居民生活水平质量高,并拥有一定消费能力,城市产业结构合理,支柱产业在带动本地经济发展中发挥重要作用。但城市综合竞争力仍需提高。

---

① 王胜今,衣尚锦.基于人口集聚的东北地区城市竞争力的实证研究[J].人口学刊,2018,(3):18-29.

城市综合竞争力得分小于 0 的城市为第五等级,第五等级城市多以四线城市和五线城市为主,这些城市综合竞争力得分在 -0.84~0。四线城市多是城市规模、经济社会发展水平及交通设施较为普遍的中等城市。五线城市多数为西部地区的经济欠发达的地级行政区,同时还有少量中东部地区的中小城市。五线城市一般城市规模偏小,经济基础较差,交通不够便利,大型企业数量有限,辖区内农业人口仍然占有较大比重,并在探求工业化发展方向。

6.2 人口迁移对城市人口-土地增长的现实影响

6.2.1 2010—2016 年中国城市人口流动变化特征

第一,"持续净流入"型城市空间分布特征。

"持续净流入"型城市主要在分布在京津冀、长三角、珠三角和辽中南地区(表6-3),以上地区从 2010—2016 年人口持续维持较高水平和较快增长速度,反映出中国经济活动与人口要素主要集中在中国东部的基本特征。

表6-3 "持续净流入"型城市空间分布　　单位:万人

地区	城市	2010年人口净流入	2016年人口净流入
京津冀	北京	703.4	740.7
	天津	314.4	358.2
	青岛	108.3	122.7
	石家庄	28.3	46.9
	秦皇岛	10.7	13.8
	廊坊	17.4	24.4
长三角	上海	890.4	927.6
	南京	168.4	175.7
	无锡	171	176.2
	常州	98.5	103.3
	苏州	409.2	404.1
	镇江	40.8	44.7

续表

地区	城市	2010年人口净流入	2016年人口净流入
长三角	杭州	181.4	177.8
	嘉兴	108.9	109.8
	湖州	29.4	29.1
	舟山	15.3	16.9
	金华	69.9	69.4
	绍兴	52.4	53.2
	济南	77.7	86.7
	温州	126.7	112.5
	台州	14.3	9.8
	宁波	187	186.2
珠三角	广州	464.9	460.4
	深圳	185.2	738.6
	珠海	51.5	50.4
	汕头	176.3	177.9
	佛山	211.7	348
	惠州	122.8	126.6
	东莞	640.7	642.8
	中山	226.7	163.3
	江门	82.5	56.8
辽中南	沈阳	91	98.6
	大连	82.6	102.9
	鞍山	12.8	11
	本溪	16.4	20.5
	营口	7.3	11.9
	盘锦	7.9	14.8

京津冀地区在2010—2016年间保持较明显的人口持续净流入特征,人口流入数量总量较高。2016年京津冀地区人口持续净流入的六座城市人口净流入数占2016年以上城市常住人口的20.45%。长三角地区在2010—2016年间保持

较明显的人口持续净流入特征,人口流入数量总量较高。2016年长三角地区人口持续净流入的城市人口净流入数占2016年以上城市常住人口的24.19%。珠三角地区在2010—2016年间也保持着人口持续净流入特征,人口流入数量总量较高。2016年珠三角地区人口持续净流入的城市人口净流入数占2016年以上城市常住人口的46.72%。辽中南地区在2010—2016年间也保持着人口持续净流入特征,但人口流入数量总量较低。2016年辽中南地区人口持续净流入的城市人口净流入数占2016年以上城市常住人口的6.39%。

第二,"人口高流入转变为人口净流出"型城市空间分布特征。

"人口高流入转变为人口净流出"型城市主要集中在渝、桂、粤等经济相对落后地区(表6-4)。这些城市2010年人口呈现净流入特征明显,但至2016年,人口净流入总量呈现明显负增长趋势。

表6-4 "人口高流入转变为人口净流出"城市空间分布　　　单位:万人

省份	城市	2010年人口净流入	2016年人口净流出
四川	遂宁	51.5	51.9
	雅安	99.7	3.6
	眉山	236.4	54.4
	资阳	20.3	150.2
	宜宾	115.6	103.9
陕西	延安	26.8	17.2
	商洛	25.3	16
贵州	毕节	13.5	216.8
甘肃	白银	130.9	5.8
广西	崇左	81.8	43.7
	河池	62.2	70.5
	贺州	188.4	33.6
广东	云浮	63.9	47.5
	河源	12	57.2
	韶关	64.1	38.7
湖南	娄底	27.1	55.2

续表

省份	城市	2010年人口净流入	2016年人口净流出
湖北	天门	266.4	34.9
	荆门	85.8	12.1
河南	三门峡	181	2.7
	漯河	298.2	18.3
黑龙江	佳木斯	2.6	5
山东	济宁	23.1	27.2

第三,"高人口净流出到人口净流入"型城市空间分布特征。

"高人口净流出到人口净流入"型城市主要分布在西部地区发达城市中(表6-5),由于西部大开发战略影响,以上城市由人口净流出城市转变为人口净流入城市。

表6-5 "高人口净流出到人口净流入"型城市空间分布　　单位:万人

省份	城市	2010年人口净流出	2016年人口净流入
新疆	乌鲁木齐	243	83.1
青海	西宁	196	26.5
广西	柳州	162.7	30.6

第四,"持续净流出"型城市空间分布特征。

"持续净流出"型城市主要处于东北地区(表6-6),这些城市多以人口下降为主,属于资源型城市,当资源枯竭时,经济发展缓慢,就业机会减少,城市迁出人口增多,迁出人口大于迁入人口,人口规模变小,表现出人地收缩特征。

表6-6 "持续净流出"型城市空间分布　　单位:万人

省份	城市	2010年人口净流出	2016年人口净流出
黑龙江	齐齐哈尔	31.1	20
	伊春	12.1	8.3
辽宁	葫芦岛	19.4	21.3
	抚顺	7.1	8.8

中国人口集聚空间非均衡性特点鲜明,东部经济发达地区人口集聚能力强,西部经济落后地区人口集聚能力弱,东、西人口集聚现象对比鲜明,西部是

东部人口迁移的主要来源地。资源型城市在产业调整及资源枯竭时期，人口外流现象严重，此时资源型城市人口增长速度减缓，或出现负增长现象。

6.2.2 人口迁移对人口-土地增长的现实影响

人口迁移对城市人口密度、城市整体规模均有较强影响，并进而改变城市人口与土地的相互关系。人口流出对城市人地关系的主要影响为"城市收缩"，"城市收缩"不是一般意义上城市人口的减少，而是城市人口流出与城市土地大幅扩张悖论现象，城市人口大量流出致使城市人口崩塌，同时城市土地大幅扩张致使人地关系非协调发展，从而引起各种城市问题。比如资产闲置，内城人口收缩和边缘区蔓延，经济衰退，人口失业，社会不安及生活质量下降。"城市收缩"的成因很复杂，是人口、空间、环境、经济和社会生活等方面多因素综合的结果。

"城市收缩"的明显特征是人口减少，但人口减少并没有遏制城市用地面积的扩张。人口的持续收缩与土地的持续扩张，进一步加剧土地资源浪费与生态环境的恶化。

"城市收缩"的主要特征是城市人口崩塌，主要成因为人口大幅流出与城市土地过于扩张。城市土地的扩张速度大于人口的增长速度，土地城市化明显快于人口城市化，两者比重失调明显。中国城市化率在1982年是20%，2000年是35%，2016年已经达到57.35%。城市人口和城市面积总体上都在扩大。在如火如荼的城市化建设中，城市扩张已是司空见惯，但城市人口增长速度低于城市土地扩张速度。

根据《中国城市建设统计年鉴》2000年与2016年城区人口和建成区面积统计数据，2000年中国城区人口为38823.7万人，城市建成区面积为22113.7平方千米；2016年，城区人口达到40299.17万，城市建成区面积达到54331.47平方千米。城市人口和建成区面积分别增加3.8%和145.69%，土地城市化明显快于人口城市化。

城市用地扩张与人口增长之间协调性较弱。研究表明，中国293个地级及以上城市人地异速生长关系协调性总体较弱，全国土地快速扩张型城市包括土地显著扩张类型和土地明显扩张类型，共有218个城市，土地快速扩张型城市人口占所研究城市总人口的65.62%，土地快速扩张型城市建成区面积占所研究城市总建成区面积的73.74%。土地显著扩张型城市共有78个,人口占所研究城市总人口的19.44%,建成区面积占所研究城市总建成区面积的25.33%。土地明显扩张型城市共有140个,人口占所研究城市总人口的46.18%,建成区面积占所研究城市总建成区面积的48.41%。人地基本协调型城市共有20个,人口占所研究城市总人口的7.38%,建成区面积占所研究城市总建成区面积的7.32%。空间上分部较分散,中国南部居多。

全国人口快速增长型城市包括人口显著扩张类型和人口明显扩张类型,共有33个,人口快速扩张型城市的人口数量占所研究城市总人口数量的23.49%,人口快速扩张型城市的建成区面积占所研究城市总建成区面积的15.05%。人口显著扩张型城市共有12个,人口占所研究城市总人口的16.09%,建成区面积占所研究城市总建成区面积的9.08%。人口明显扩张型城市共21个,人口占所研究城市总人口的7.4%,建成区面积占所研究城市总建成区面积的5.97%。人地有所收缩型城市共有22个,人口占所研究城市总人口的3.52%,建成区面积占所研究城市总建成区面积的3.89%。

《国家新型城镇化规划(2014—2020年)》中指出了城市化过程中的"土地城市化"快于"人口城市化"问题:建成区扩张速度快致使城区内人口密度过低,新城区、新工业园区、大马路、阔广场,建成区面积的无序扩张致使城市没有足够人口支持的新城、新区将最终变成无生机的"鬼城"与空城。对城市规模规划的不断膨胀与城市人口密度的不断收缩是人地关系失衡的另一表现。

6.3 人口迁移条件下城市人地异速生长的效率分析

为评估城市竞争力和人口流动对城市人地异速生长关系的动态影响,寻求源头上改善城市人地关系的可行路径,以中国一线和二线城市为例,基于输入导出的数据包络分析模型,以城市竞争力和人口净流入为输入指标,以城市人地异速生长关系为输出指标,计算城市竞争力和人口流动的整体人地异速协调效率,表征城市竞争力和人口流动对城市人地异速生长关系的影响。

6.3.1 方法与数据

第一,研究方法。城市竞争力和人口流动相互助力、相互作用影响,城市竞争力和人口流动间接地影响人地异速生长关系,城市竞争力和人口流动之间存在着较强相关关系,由于城市竞争力的提高,人口流动的集聚,区域的人地异速生长关系会发生相应变动。城市竞争力和人口流动投入发生变化,出现了不同地区人地异速生长关系分异特征,进而影响人地协调发展效率。将城市竞争力和人口流动视为投入,将人地异速发展关系视为产出,通过计算人地协调效率值的相对高低,进而分析人地异速生长关系的和谐程度。通过无须假设生产函数形式的、评价同类决策单元相对有效性的数据包络分析方法(Data Envelopment Analysis,简称 DEA),采用测算整体效率的输出型 C^2R 模型,计算城市竞争力和人口流动对人地异速生长关系效率的影响。

第二,输出型 C^2R 模型:

$$(D)\begin{cases} \max z = z^0 = h^0 \\ \sum_{j=1}^{n} x_j \lambda_j \leqslant x_0 \\ \sum_{j=1}^{n} y_j \lambda_j \geqslant zy_0 \\ \lambda_j \geqslant 0, j=1,\cdots,n \end{cases}$$

式中:z 为最优效率,x_j 为投入指标,y_j 为产出指标,λ_j 为权重。

第三,评价指标和数据来源。反映城市综合竞争力的输入指标取自对各个城市 21 个自变量通过主成分分析法得到的综合得分数列值,反映城市人口净流入数据的指标取自各个地级市各年度的人口净流入值,城市人口净流入值等于城市常住人口减去城市户籍人口。输出指标是反映 293 个地级及以上城市人地关系的异速生长系数。异速生长系数以 0.85 为界限,大于 0.85 表示土地相对增长速度快于人口相对增长速度,土地向粗放利用趋势发展;小于 0.85 表示土地相对增长速度慢于人口相对增长速度,土地向集约利用趋势发展。由于异速生长系数越大,代表土地利用越粗放,异速生长系数越小,代表土地利用越集约,输出型 DEA 模型希望效率越高越好,所以计算中取异速生长系数的倒数作为指标的输入值。城市综合竞争力的 21 个原始变量及各个地级市的人口净流入数据源于 2006—2016 年《中国城市建设统计年鉴》和《中国城市统计年鉴》各年度、各地级市相关数据。

6.3.2 实证结果与分析

对中国 2016 年一线和二线城市的城市综合竞争力和人口流动对异速生长系数的整体人地协调效率进行分类研究。将效率值分为以下六档：效率值为 1，效率水平最优；效率值 0.9~1，效率水平居上；效率值 0.6~0.9，效率水平中上；效率值 0.4~0.6，效率水平居中；效率值 0.2~0.4，效率水平中下；效率值 0~0.2，效率水平低下。①

6.3.2.1 一线城市动态人地协调空间效应分析

2016 年中国一线城市共有 19 个，其中老一线城市 4 个，新一线城市 15 个，具体包括老一线城市北京、上海、广州和深圳，新一线城市成都、杭州、武汉、南京、重庆、天津、苏州、西安、长沙、沈阳、青岛、郑州、大连、东莞和宁波。一线城市的城市综合竞争力和人口流动对异速生长系数的整体人地协调效率影响如表 6-7 所示。

表 6-7 2016 年一线城市的城市综合竞争力和人口流动对异速生长系数影响排序

城市	排序	效率影响	异速 b 值	城市综合竞争力	2010 年人口净流入/万	2016 年人口净流入/万	所在省份
北京	1	1.000	0.203	6.795	703.4	740.7	北京
上海	1	1.000	0.407	7.033	890.4	927.6	上海
深圳	3	0.949	0.599	4.254	185.2	738.6	广东
长沙	4	0.670	1.107	0.803	51.7	59.3	湖南
南京	5	0.662	0.981	1.976	168.4	175.7	江苏
广州	6	0.608	1.315	3.925	464.9	460.4	广东
杭州	7	0.399	0.991	2.107	181.4	177.8	浙江
苏州	8	0.298	9.5	1.943	409.2	404.1	江苏
成都	9	0.207	1.820	2.171	255.7	241.8	四川
天津	10	0.203	2.301	3.244	314.4	358.2	天津
郑州	11	0.201	0.442	0.752	134.1	168.6	河南

---

① 高詹. 城市物流效率及其空间溢出效应[J]. 城市问题，2014，(7)：62-68.

续表

城市	排序	效率影响	异速b值	城市综合竞争力	2010年人口净流入/万	2016年人口净流入/万	所在省份
沈阳	12	0.199	2.612	1.047	91	98.6	辽宁
西安	13	0.183	2.473	0.982	64.7	51.9	陕西
武汉	14	0.152	2.042	1.536	141.8	200.0	湖北
重庆	15	0.132	2.425	3.109	-418.9	-410.0	重庆
东莞	16	0.123	3.443	1.741	640.7	642.8	广东
宁波	17	0.069	5.900	1.061	187	186.2	浙江
青岛	18	0.051	3.855	1.244	108.3	122.7	山东
大连	19	0.047	4.324	1.115	82.6	102.9	辽宁

(1) 一线城市人地协调效率水平"最优"城市

只有北京和上海两座城市整体人地协调效率达到最优值1,表明北京和上海两座城市以城市综合竞争力和人口流动作为投入,以人地异速生长协调关系作为产出的效率最高,北京和上海的城市综合竞争力分别高达6.795和7.033,是一线城市中城市综合竞争力位居一、二的城市。2016年北京、上海的人口净流入分别高达740.7万和927.6万,均超过500万,属于"持续净流入"型城市。同时,北京和上海的异速生长系数都较低,分别为0.203和0.407,均属于"负异速二级"生长水平,人口显著扩张类型。因而,北京和上海两座城市整体人地协调效率达到最优值1。

(2) 一线城市人地协调效率水平"居上"城市

深圳的人地协调效率值在0.9~1,人地协调效率数值为0.949,非常接近1,效率水平居上。这表明深圳市以城市综合竞争力和人口流动作为投入,以人地异速生长协调关系作为产出的效率水平居上。深圳的城市综合竞争力得分相对较高,为4.254。深圳的人口净流入在2016年高达738.6万,超过500万,属于"持续净流入"型城市。同时,深圳的异速生长系数较低为0.599,属于"负异速一级"生长水平,人口明显扩张类型。因而,深圳人地协调效率值较高,为0.949,趋近于1。

(3) 一线城市人地协调效率水平"中上"城市

长沙、南京和广州的人地协调效率值在0.6~0.9,人地协调效率值分别为

0.670、0.662 和 0.608，效率值属于中上水平。这表明长沙、南京、广州 3 座城市以城市综合竞争力和人口流动作为投入，以人地异速生长协调关系作为产出的效率水平中上。长沙、南京和广州的城市综合竞争力得分有所下降，分别为 0.803、1.976 和 3.925。长沙、南京和广州的人口净流入在 2016 年分别为 59.3 万、175.7 万和 460.4 万，属于"持续净流入"型城市，但净流入人口数量一般。同时，长沙、南京和广州 3 座城市异速生长系数均有所升高，分别为 1.107、0.981 和 1.315，分别属于"正异速二级""正异速一级""正异速二级"生长水平，即土地明显扩张、人地基本协调和土地明显扩张类型，土地相对增长速度上升。人口净流入数量减少、城市竞争力水平下降、土地相对增长速度上升引起长沙、南京、广州的人地协调效率有所下降，但仍处于中上水平。

(4) 一线城市人地协调效率水平"中下"城市

杭州、苏州、成都、天津和郑州 5 座城市人地协调效率值在 0.2~0.4，人地协调效率值分别为 0.399、0.298、0.207、0.203 和 0.201，效率值属于中下水平。这表明杭州、苏州、成都、天津和郑州 5 座城市，以城市综合竞争力和人口流动作为投入，以人地异速生长协调关系作为产出的效率水平中下。杭州、苏州、成都、天津和郑州 5 座城市的综合竞争力得分有所下降，分别为 2.107、1.943、2.171、3.244 和 0.752。杭州、苏州、成都、天津和郑州的人口净流入在 2016 年分别为 177.8 万、404.1 万、241.8 万、358.2 万和 168.6 万，属于"持续净流入"型城市。同时，杭州、苏州、成都、天津和郑州 5 座城市异速生长系数均有所升高。杭州的异速生长系数为 0.991，属于"正异速一级"人地基本协调类型，因而杭州城市综合竞争力和人口流动对异速生长系数的影响效率在这 5 个城市中最高；苏州的异速生长系数为 9.5，属于"正异速三级"土地显著扩张城市，虽然苏州的人口净流入在 2016 年为 404.1 万，但是土地相对增长速度远远高于人口的相对增长速度。同时，苏州的城市综合竞争力得分为 1.943，属于中上水平，苏州的城市综合竞争力和人口流动对异速生长系数影响的人地协调效率值为 0.298，较低。成都和天津的异速生长系数分别为 1.820 和 2.301，都属于"正异速二级"土地明显扩张类型，土地的明显扩张致使成都和天津的人地协调效率较低，分别为 0.207 和 0.203。郑州的异速生长系数是这 5 个城市中数值最低的，为 0.442，属于"负异速二级"人口显著扩张类型，但郑州的城市综合竞争力值和其余 4 个城市相比较低，为 0.752，同时

2016年郑州的人口净流入量的绝对值和其他4个城市相比也相对较小,仅为168.6万。因此,郑州的城市综合竞争力和人口流动对异速生长系数的影响效率属于中下水平,其数值为0.201。城市竞争力水平下降、土地相对增长速度进一步上升引起杭州、苏州、成都、天津和郑州的人地协调效率有所下降,处于中下水平。

(5) 一线城市人地协调效率水平"低下"城市

沈阳、西安、武汉、重庆、东莞、宁波、青岛和大连的人地协调效率值在0~0.2,人地协调效率值分别为0.199、0.183、0.152、0.132、0.123、0.069、0.051和0.047,效率值水平低下。这表明沈阳、西安、武汉、重庆、东莞、宁波、青岛和大连8座城市以城市综合竞争力和人口流动作为投入,以人地异速生长协调关系作为产出的效率水平低下。沈阳、西安、武汉、重庆、东莞、宁波、青岛和大连的城市综合竞争力得分整体水平不高,分别为1.047、0.982、1.536、3.109、1.741、1.061、1.244和1.115。沈阳、西安、武汉、重庆、东莞、宁波、青岛和大连人口净流入在2016年分别为98.6万、51.9万、200万、−410万、642.8万、186.2万、122.7万和102.9万人,除去重庆为"人口持续净流出"城市外,其余城市均为"人口持续净流入"城市,2016年重庆城市人口净流出410万,虽然重庆的城市综合竞争力水平较高,为3.109,但较大的人口流出使得城市的人地协调效率值较低,只有0.132的水平。

同时,以上8座城市的异速生长系数均呈现上升趋势。沈阳、西安、武汉和重庆的异速生长系数分别为2.612、2.473、2.042和2.425,都属于"正异速二级"土地明显扩张类型;东莞、宁波、青岛和大连的异速生长系数分别为3.443、5.900、3.855和4.324,都属于"正异速三级"土地显著扩张类型。无论是土地明显扩张类型还是土地显著扩张类型,土地的相对增长速度都有上升趋势,土地的相对增长速度大于或远远大于人口的相对增长速度。总体而言,人口净流入数量的减少、城市综合竞争力水平较低、土地相对增长速度大幅上升,引起沈阳、西安、武汉、重庆、东莞、宁波、青岛和大连8座城市人地协调效率值较低,水平低下。

综合以上分析,一线城市中人地协调效率水平"最优"城市为北京和上海,一线城市中人地协调效率水平"居上"城市为深圳,一线城市中人地协调效率水平"中上"城市为长沙、南京和广州,一线城市中人地协调效率水平"中下"

城市为杭州、苏州、成都、天津和郑州 5 座城市,一线城市中人地协调效率水平"低下"城市为沈阳、西安、武汉、重庆、东莞、宁波、青岛和大连。一线城市中没有人地协调效率水平居中的城市。一般而言,城市竞争力水平高、城市人口净流入量大得到的人地协调效率水平值就高;城市竞争力水平低、城市人口净流入量小得到的人地异速协调效率水平值就低。

6.3.2.2 二线城市动态人地协调空间效应分析

2016 年,中国的二线城市共计 30 个,分别为厦门、福州、无锡、合肥、昆明、哈尔滨、济南、佛山、长春、温州、石家庄、南宁、常州、泉州、南昌、贵阳、太原、金华、珠海、惠州、徐州、烟台、嘉兴、南通、乌鲁木齐、绍兴、中山、台州、兰州和海口。二线城市的城市综合竞争力和人口流动对异速生长系数的整体人地协调效率影响如表 6-8 所示。

表 6-8 2016 年二线城市的城市综合竞争力和人口流动对异速生长系数影响排序

城市	排序	效率影响	异速 b 值	城市综合竞争力	2010 年人口净流入/万	2016 年人口净流入/万	所在省份
常州	1	1.000	0.730	0.751	98.5	103.3	江苏
南通	1	1.000	0.830	0.391	-34.7	-36.7	江苏
珠海	3	0.982	0.619	0.503	51.5	50.4	广东
昆明	4	0.923	0.893	0.484	94.0	111.1	云南
济南	5	0.825	0.981	0.954	77.7	86.7	山东
台州	6	0.777	0.980	0.006	14.3	9.8	浙江
温州	7	0.614	1.196	0.225	126.7	112.5	浙江
厦门	8	0.484	1.360	0.847	172.9	176.2	福建
佛山	9	0.422	1.374	1.245	211.7	348.0	广东
石家庄	10	0.418	1.432	0.328	28.3	46.9	河北
长春	11	0.389	1.660	0.721	8.8	15.0	吉林
海口	12	0.385	1.608	-0.057	44.2	53.9	海南
徐州	13	0.373	1.698	0.278	-114.7	-147.8	江苏
南宁	14	0.223	1.860	0.412	-41.2	-39.0	广西
乌鲁木齐	15	0.208	2.352	0.337	-243	83.1	新疆

续表

城市	排序	效率影响	异速 b 值	城市综合竞争力	2010年人口净流入/万	2016年人口净流入/万	所在省份
绍兴	16	0.189	2.800	0.284	52.4	53.2	浙江
泉州	17	0.156	2.087	0.053	127.0	132.5	福建
中山	18	0.116	3.053	0.045	226.7	163.3	广东
太原	19	0.109	2.997	0.319	20.1	70.58	山西
南昌	20	0.103	2.856	0.369	4.2	14.35	江西
烟台	21	0.101	3.446	0.313	45.7	47.7	山东
金华	22	0.098	13.000	-0.021	69.9	69.4	浙江
福州	23	0.096	5.785	0.558	65.6	110.3	福建
嘉兴	24	0.095	3.030	0.091	108.9	109.8	浙江
合肥	25	0.081	12.010	0.668	75.8	49.6	安徽
哈尔滨	26	0.051	7.372	0.641	72.2	69.0	黑龙江
无锡	27	0.034	9.786	0.953	171	176.2	江苏
惠州	28	0.019	7.421	0.410	122.8	126.6	广东
兰州	29	0.009	28.228	0.072	38.4	42.8	甘肃
贵阳	30	0.005	11.728	0.697	59.7	73.1	贵州

(1)二线城市人地协调效率水平"最优"城市

在二线城市范围内,常州和南通两座城市整体人地协调效率达到最优值1,表明常州和南通两座城市以城市综合竞争力和人口流动作为投入,以人地异速生长协调关系作为产出的效率最优。

常州的城市综合竞争力水平在二线城市范围内相对较高,为0.751,2010年常州的城市人口净流入为98.5万,2016年常州城市人口净流入为103.3万,属于人口"持续净流入"城市,人口净流入数量较高并超过100万。常州异速生长系数为0.73,属于"负异速一级"水平,人口的相对增长速度较快,人口的相对增长速度快于土地相对增长速度。人口持续流入、相对较高的城市竞争力及较快的人口增长速度使得常州城市整体人地协调效率达到最优值1。

南通在空间位置上位于长三角北部,南边紧邻上海。由于和上海紧邻,城市综合竞争力中上,为0.391。南通人口流失现象常年持续,2010年南通人口净流出34.7万,2016年南通人口净流出36.7万,属于人口"持续净流出"类型。但南通土地扩张速度较小,南通人地异速生长系数为0.83,和常州同属于"负异速一级"水平,表明虽然在人口流出背景下,但南通土地扩张速度仍小于人口扩张速度,人地协调效率值最优为1。

(2) 二线城市人地协调效率水平"居上"城市

珠海和昆明人地协调效率值在0.9~1,珠海的人地协调效率值为0.982,昆明的人地协调效率值为0.923,均非常接近1,属于居上水平。这表明珠海和昆明两座城市以城市综合竞争力和人口流动作为投入,以人地异速生长协调关系作为产出的效率水平居上。

珠海在2010年人口净流入为51.5万,2016年为50.4万,基本保持在50万左右,属于人口"持续净流入"城市;昆明在2010年人口净流入为94.0万,2016年人口净流入为111.1万,人口流入在100万左右,属于人口"持续净流入"城市。珠海是珠三角城市群中心城市,城市综合竞争力水平在二线城市中为中上。珠海的人地异速生长系数较低,只有0.619,属于"负异速一级"人口明显扩张型,人口的相对增长速度快于土地的相对增长速度。昆明异速生长系数为0.893,属于"正异速一级"人地基本协调类型。相对较高的"持续净流入"人口和城市竞争力,以及相对较快的人口增长速度,使得珠海和昆明两座城市整体人地协调效率达到居上水平。

(3) 二线城市人地协调效率水平"中上"城市

济南、台州和温州的人地协调效率值在0.6~0.9,人地协调效率值分别为0.825、0.777和0.614,3座城市人地协调效率值处于中上水平。这表明济南、台州和温州3座城市以城市综合竞争力和人口流动作为投入,以人地异速生长协调关系作为产出的效率水平中上。

济南2010年人口净流入为77.7万,2016年为86.7万,基本保持在80万左右,属于人口"持续净流入"城市;台州2010年人口净流入14.3万,2016年人口净流入9.8万,人口净流入基本在10万左右,同属于人口"持续净流入"城市;温州2010年人口净流入126.7万,2016年人口净流入112.5万,人口净流入数量均超过100万,属于人口"持续净流入"城市。

济南是山东省省会,山东半岛城市群和济南都市圈核心城市,环渤海地区南翼的中心城市,山东省政治、文化、教育、经济、交通和科技中心,城市综合竞争力在二线城市中相对较高,为0.954。2015年11月,台州被列为第二批国家新型城镇化综合试点地区,城市竞争力一般,城市综合竞争力得分为0.006,虽然不高,但是大于0,表明城市竞争力在全国平均水平之上。2018年1月温州入选首批社会信用体系建设示范城市,在2017年中国百强城市排行榜中排37位,温州的城市综合竞争力得分为0.225,位于全国城市竞争力平均水平之上。

济南的异速生长系数和台州的异速生长系数分别为0.981、0.98,属于"正异速一级"人地基本协调类型,人口的相对增长速度和土地的相对增长速度基本持平;温州的异速生长系数为1.196,接近于1,属于"正异速二级"土地明显扩张类型。济南、台州和温州的异速生长系数和二线城市中人地协调效率水平居上的珠海与昆明相比,有所提高。综合人口流动水平、城市综合竞争力水平,以及人口和土地的相对增长关系,济南、台州和温州的人地协调效率值在0.6~0.9,属于中上水平。

(4)二线城市人地协调效率水平"居中"城市

厦门、佛山和石家庄的人地协调效率值在0.4~0.5,效率水平居中,人地协调效率值分别为0.484、0.422和0.418,人地协调效率值属于中等水平。这表明厦门、佛山和石家庄3座城市以城市综合竞争力和人口流动作为投入,以人地异速生长协调关系作为产出的效率水平居中。

厦门在2010年人口净流入为172.9万,2016年为176.2万,均大于100万,属于人口"持续净流入"城市;佛山在2010年人口净流入211.7万,2016年人口净流入348万,人口净流入量大,远远大于100万,属于人口"持续净流入"城市;石家庄在2010年人口净流入28.3万,2016年人口净流入46.9万,人口净流入小于50万,人口净流入量小,同属于人口"持续净流入"城市。

厦门位于福建省东南端,是福建省副省级城市、东南沿海中原中心城市、港口及风景旅游城市,与漳州、泉州并称为厦漳泉闽南金三角经济区。厦门城市综合竞争力较高,为0.847。佛山位于广东省中部,地处珠三角腹地,东接广州,南邻中山,是"广佛都市圈""珠江-西江经济带"的重要组成部分,全国先进制造业基地,广东重要的制造业中心,在广东省经济发展中处于领先地位。佛山城市综合竞争力排名在所有二线城市中最高,为1.245,高于全国平均水平。石家庄是河北省省会,地处河北省西南部。石家庄跨华北平原和太行山地两大地貌单元,产业化水平较高,被国家确定为优质小麦生产基地,素有"北方粮仓"之称。石家庄城市综合竞争力得分为 0.328,排名中上,高于全国平均水平。

厦门、佛山和石家庄的异速生长系数较为接近。其中厦门异速生长系数为 1.36,佛山异速生长系数为 1.374,石家庄异速生长系数为 1.432,均属于"正异速二级"土地明显扩张类型。土地相对增长速度和二线城市中人地协调效率"最优"和"居上"城市相比略高,土地的相对增长速度快于人口的相对增长速度。综合人口流动水平、城市综合竞争力水平,以及人口和土地的相对增长关系,厦门、佛山和石家庄的人地协调效率值在 0.4~0.5,属于居中水平。

(5)二线城市人地协调效率水平"中下"城市

长春、海口、徐州、南宁和乌鲁木齐 5 座城市的人地协调效率值在 0.2~0.4,人地协调效率值分别为 0.389、0.385、0.373、0.223 和 0.208,人地协调效率水平中下。这表明长春、海口、徐州、南宁和乌鲁木齐 5 座城市以城市综合竞争力和人口流动作为投入,以人地异速生长协调关系作为产出的效率水平中下。

长春在 2010 年人口净流入为 8.8 万,2016 年为 15 万,均在 10 万左右,属于人口"持续净流入"水平,但人口净流入水平低;海口在 2010 年人口净流入为 44.2 万,2016 年为 53.9 万,均在 50 万左右,人口"持续净流入"水平一般;徐州在 2010 年人口净流出为 114.7 万,2016 年人口净流出为 147.8 万,流出人口超过 100 万,属于人口"持续净流出"类型,净流出水平较高,徐州属于江苏省人口流出第一大城市,人口主要流向苏南地区的经济发达城市苏州、无锡、镇江和常州;南宁在 2010 年人口净流出 41.2 万,2016 年人口净流出 39 万,流出人口在 0~50 万,属于人口"持续净流出"类型,人口净流出水平低,南宁虽然为广西壮族自治区首府,但近几年城市发展水平一般,是中国唯一一个人口"持续净流出"省会级城市;乌鲁木齐在 2010 年人口净流出 243 万,2016 年人口净流入 83.1 万,属于人口"流出转流入"类型,西部大开发战略促使西部部分城市经济迅速腾起,人口流入类型由"流出"转为"流入"。

长春是吉林省省会,东北亚经济圈中心城市,长春是中国综合交通枢纽与重要工业基地,被国务院定为东北中心城市。长春的城市综合竞争力得分为 0.721,高于全国平均水平。海口是海南省省会,国家"一带一路"倡议支点城市、北部湾城市群中心城市,是海南省政治、经济、科技、文化中心和最大的交通枢纽。海口城市综合竞争力得分为-0.057,略低于全国平均水平。徐州位于长江三角洲北翼,有"中国工程机械之都"的美誉,国际新能源基地,城市综合竞争力水平为0.278,略高于全国平均水平。南宁是广西壮族自治区首府、北部湾城市群核心城市、中国面向东盟十国的国际大通道。南宁的城市综合竞争力得分为0.412,略高于全国平均水平。乌鲁木齐是新疆维吾尔自治区首府,新疆的科教文卫及经济和政治中心,在2017年中国地级市全面小康指数中排名41,2018年11月入选中国城市全国小康指数前100名。乌鲁木齐城市综合竞争力得分为0.337,高于全国平均水平。

长春、海口、徐州、南宁和乌鲁木齐人地异速生长系数值分别为1.66、1.608、1.698、1.86和2.352,都在1到3之间,属于"正异速二级"土地明显扩张型城市,土地相对增长速度快于人口相对增长速度。因而,综合人口流动水平、城市综合竞争力水平以及人口和土地的相对增长关系,5座城市的人地协调效率值在0.2~0.4,效率属于中下水平。

(6)二线城市人地协调效率水平"低下"城市

绍兴、泉州、中山、太原、南昌、烟台、金华、福州、嘉兴、合肥、哈尔滨、无锡、惠州、兰州和贵阳15座城市的人地协调效率值在0~0.2,人地协调效率值分别为0.189、0.156、0.116、0.109、0.103、0.101、0.098、0.096、0.095、0.081、0.051、0.034、0.019、0.009、0.005,人地协调效率水平低下。这表明绍兴、泉州、中山、太原、南昌、烟台、金华、福州、嘉兴、合肥、哈尔滨、无锡、惠州、兰州和贵阳15座城市以城市综合竞争力和人口流动作为投入,以人地异速生长协调关系作为产出的效率水平低下。

2010年和2016年,人口净流入水平较高的城市有泉州、中山、嘉兴、无锡、惠州。其中泉州2010年人口净流入为127.0万,2016年人口净流入为132.5万,中山分别为226.7万、163.3万,嘉兴分别为108.9万、109.8万,无锡分别为171万、176.2万,惠州分别为122.8万、126.6万。以上城市人口持续净流入大于100万,属于人口"持续净流入"水平较高城市。2010年和2016年,人口净流入水平一般城市有绍兴、烟台、金华、福州、合肥、哈尔滨、兰州、太原、贵阳。绍兴2010年人口净流入为52.4万,2016年人口净流入为53.2万,烟台分别为45.7万、47.7万,金华分别为69.9万、69.4万,福州分别为65.6万、

110.3万,合肥分别为75.8万、49.6万,哈尔滨分别为72.2万、69万,兰州分别为38.4万、42.8万,太原分别为20.1万、70.58万,贵阳分别为59.7万、73.1万,以上城市人口持续净流入均在50万左右,人口"持续净流入"水平居中。2010年和2016年,人口净流入水平较低城市只有南昌(2010年人口净流入为4.2万,2016年人口净流入为14.35万),人口持续净流入量小于50万,人口"持续净流入"水平低下。

在所有人地协调水平低下城市中,部分城市综合竞争力水平相对较高,这些城市有无锡、贵阳、合肥、哈尔滨、福州。无锡位于江苏省南部,是中国民族工业和乡镇工业的摇篮,是苏南模式的发祥地。无锡城市综合竞争力得分为0.953,高于全国平均水平。贵阳是贵州省经济、政治、交通中心,同时也是西南地区的重要交通枢纽。贵阳的城市综合竞争力得分为0.697,高于全国平均水平。合肥是安徽省省会,长三角城市群副中心城市,"一带一路"和长江经济带的战略双节点城市。合肥的城市综合竞争力得分为0.668,高于全国平均水平。哈尔滨是黑龙江省省会,中国东北地区中心城市之一,是国家战略定位的"沿边开发开放中心城市"及"东北亚区域中心城市"。哈尔滨的城市综合竞争力得分为0.641,高于全国平均水平。福州位于福建省东部,是福建省省会,中国首批14个对外开放的沿海港口城市之一,海上丝绸之路及中国自由贸易试验区三片区之一。福州的城市综合竞争力得分为0.558,高于全国平均水平。

在所有人地协调水平低下城市中,部分城市综合竞争力水平相对居中,这些城市有太原、烟台、南昌、绍兴。太原是山西省省会、太原都市圈核心城市、山西省中心城市,太原的城市综合竞争力得分为0.319,高于全国平均水平。烟台是中国首批14个沿海开放城市之一,中国环渤海经济圈内重要节点城市,国家"一带一路"倡议重点建设港口城市,烟台的城市综合竞争力得分为0.313,高于全国平均水平。南昌是江西省省会、新中国航空工业的发源地、中国重要的综合性交通枢纽,南昌的城市综合竞争力得分为0.369,高于全国平均水平。绍兴是浙江省辖地级市,位于浙江省中北部,是长三角城市群重要城市、环杭州湾大湾区核心城市、杭州都市圈副中心城市,绍兴的城市综合竞争力得分为0.284,高于全国平均水平。

在所有人地协调水平低下城市中,部分城市综合竞争力水平相对较低,这些城市有嘉兴、兰州、泉州、中山、金华。嘉兴是长三角城市群、上海大都市圈重要城市,杭州都市圈副中心城市,作为沪杭、苏杭交通干线中枢,交通极其便利。嘉兴的城市综合竞争力得分为0.091,高于全国平均水平。兰州是甘肃省省会,西部地区重要的中心城市及交通枢纽中心,兰州的城市综合竞争力得分为0.072,高于全国平均水平。泉州是福建省下辖地级市,位于福建省东南沿海,是福建省确定做大做强的三大中心城市之一,是全国首个东亚文化之都,被列入国家"一带一路"倡议的21世纪海上丝绸之路先行区。泉州的城市综合竞争力得分为0.053,稍高于全国平均水平。中山连续多年保持广东省第五的经济总量,并与顺德、南海、东莞一起被称为广东四小虎。中山的城市综合竞争力得分为0.045,稍高于全国平均水平。金华是浙江省地级市,2018年4月2日,入选创新型城市代表。金华的城市综合竞争力得分为-0.021,全国城市综合竞争力以0为分界点,金华城市综合竞争力稍低于全国平均水平。

绍兴、泉州、中山、太原、南昌、烟台、金华、福州、嘉兴、合肥、哈尔滨、无锡、惠州、兰州和贵阳15座城市的异速生长系数均大于1。绍兴、泉州、太原、南昌4个城市的异速生长系数分别为2.8、2.087、2.997、2.856,异速生长系数值在1~3,属于"正异速二级"土地明显扩张类型,土地的相对增长速度快于人口的相对增长速度。中山、烟台、金华、福州、嘉兴、合肥、哈尔滨、无锡、惠州、兰州、贵阳11个城市的异速生长系数分别为3.053、3.446、13、5.785、3.03、12.01、7.372、9.786、7.421、28.228和11.728,异速生长系数值均大于3,属于"正异速三级"土地显著扩张类型,土地的相对增长速度远远快于人口的相对增长速度。以上城市土地相对增长速度均大于人口相对增长速度,土地相对增长速度相对较高。

综合人口流动水平、城市综合竞争力水平以及人口和土地的相对增长关系,绍兴、泉州、中山、太原、南昌、烟台、金华、福州、嘉兴、合肥、哈尔滨、无锡、惠州、兰州和贵阳15座城市的人地协调效率值基本在0到0.2之间,人地协调效率低下。

6.4 本章小结

人口迁移、人口集聚及城市竞争力差异是影响人口与土地关系动态变化的主要原因,城市竞争力是对城市发展潜能的探索,是提升城市发展能力的有效手段。本章从动态的角度,通过对城市综合竞争力水平和人口迁移的空间差异性特征进行分析,进而挖掘人口增长和土地扩张的动态过程及其内在演化动力,并将城市综合竞争力指标、城市人口迁移指标作为输入指标及将人地异速生长系数指标作为输出指标构建了人地协调发展的效率模型,进一步深入分析人口迁移背景下城市人口与土地异速生长关系的空间相互效应,为第7章政策取向的阐述铺垫理论基础。

第一,城市竞争力与人地关系变化联系紧密。

城市竞争力强的城市,有更高的城市生产率和更强的吸纳就业人口的能力。生产率越高、环境越好的地区,有越多的人力资本聚集。人才选择区位是一种内生行为,区位选择会考虑工资、居住成本和偏好与城市舒适收益的匹配等因素。

城市优势引发的人力资本的转移可决定区域间或城市间房价的总水平,进而决定城市土地需求水平。伴随着人口迁移引起的人力资本区域转移,在人口流入地区与流出地区的人力资本总水平发生改变的同时,也带来了对城市住房和土地的需求。人力资本的集聚规模和速度必然成为影响城市住房和土地市场的最重要变量。

第二,中国地级市之间城市综合竞争力水平差异显著。

从影响人口与土地关系动态变化原因的分析中,得到以下主要结论。城市竞争力是一个城市为其自身发展,对外有较强辐射力与吸引力、对内有较强包容力与内生力的城市发展能力,通过一系列可用于综合评价城市之间竞争力差异的指标,获得城市竞争力的比较结果。在针对性、可比性、可操作性、实用性原则的指导下,选取21个初始变量对全国285个地级及以上城市进行综合竞争力的评价。研究结果表明城市综合竞争力得分按照城市等级有序排列,综合因子得分大于0表示城市综合竞争力在平均水平以上,综合因子得分小于0表示城市综合竞争力在平均水平以下。城市综合竞争力得分在平均水平之上的地级市共有78个,占所研究地级市总数量的27.37%;城市综合竞争力得分在平均水平之下的地级市共有207个,占所研究地级市总数量的72.63%。从第一名综合竞争力得分最高的城市上海的7.033,到最后一名综合竞争力得分最低的城市甘肃省陇南的-0.833,充分说明中国地级市之间城市综合竞争力水平差异显著。

第三,中国地级市人口集聚出现较强空间非均衡性特征。

中国人口集聚空间非均衡性特点鲜明,东部经济发达地区人口集聚能力强,西部经济落后地区人口集聚能力弱,东、西人口集聚现象对比鲜明,西部是东部人口迁移的主要来源地。资源型城市在产业调整及资源枯竭时期,人口外流现象严重,此时资源型城市人口增长速度减缓,或出现负增长现象。

"持续净流入"型城市主要在分布在京津冀、长三角、珠三角、辽中南地区,以上地区从2010—2016年人口持续维持较高水平和较快增长速度,反映出中国东部地区经济发展迅速,同时人口增长与土地扩张较为活跃。2010—2016年,"人口高流入转变为人口净流出"型城市主要集中在渝、桂、粤等经济相对落后地区。"高人口净流出到人口净流入"型城市主要分布在西部地区发达城市。2010—2016年,"持续净流出"型城市主要处于东北地区,这些城市多以人口下降为主,属于资源型城市,当资源枯竭时,经济发展缓慢,就业机会减少,城市迁出人口增多,迁出人口大于迁入人口,人口规模变小,表现出人地收缩特征。大多数城市土地相对扩张速度大于人口相对增长速度,人口密度下降,"收缩城市"增多,不断规划的新城、新区没有足够的人口填充,了无生机的"鬼城"与"空城"现象普遍。

第四,一线城市以人地协调效率值低下为主,二线城市以人地协调效率值低下为主。

一线城市中人地协调效率低下城市共计8座,占一线城市总数的42.11%。二线城市中人地协调效率低下城市共计15座,占二线城市总数的50%。人口净流入数量减少、城市竞争力水平下降、土地相对增长速度上升明显的城市,人地协调效率较低;人口净流入数量高、城市竞争力水平强、人口相对增长速度高的城市,人地协调效率高。

7
研究结论、政策取向与研究展望

7.1 研究结论

中国已经进入城市化发展的关键阶段,但在城市化发展的道路上中国也经历着现代"城市病"的阵痛,经受着日益严重的城市问题的困扰。新型工业化与城市化速度的不断加快,使得城市人口逐年递增,迫切需要不断提供大量新增建设用地。在土地资源总量一定的前提下,人均耕地资源相对匮乏,通过长期无节制占用耕地来提供城市新增建设用地是不可行的。同时,我国许多城市采用"摊大饼"式发展模式,将占用城市周边耕地作为增加城市建设用地的主要手段,该做法使得我国耕地保护面临严峻考验。

土地制度与户籍制度双重制度限制障碍下,城市不能从根本上吸收农村人口,外来打工者不能公平享有城市集聚经济带来的各种权利,真正意义上的城市化率提高缓慢。城市化的集聚效应没有穷尽而大幅浪费,城市土地和人口之间的非协调发展是当前城市化的主要矛盾,厘清各个城市土地和人口之间的人地异速生长关系是城市人地协调发展的基础,是推进城市化健康、持续发展的有力保障。

在此背景下,本书通过相关的文献梳理,确立了以人地关系协调发展为研究目标,在阐述异速生长内涵和人地异速生长关系测度方法以及揭示人地关系异速生长时空差异特点的基础上,对中国城市人地异速生长关系空间与时间演变特征,及对异速生长系数影响驱动因素进行实证研究,以及在人口迁移背景下,寻求人地异速生长关系动态变化规律与特点。

通过以上研究,本书得到以下四个结论。

第一,2006—2016年期间,从宏观角度,全国整体异速生长系数大于0.85,土地相对增长速度大于人口相对增长速度,中国处于正异速生长阶段。

通过对全国和东、中、西及东北四大板块分年度进行人地关系异速生长系数测度,发现我国2006—2016年期间,全国范围异速生长系数均大于0.85,处于正异速生长阶段,表明从全国宏观尺度上,土地相对增长速度大于人口相对增长速度。在该阶段,土地城市化快于人口城市化,城市建设用地趋于粗放化发展。2016年我国人均建设用地面积为每万人1.323平方公里,远远高于国家规定的人均城市建设用地的上限标准;同时,人口密度由2006年的每平方公里0.989万人下降至2016年的每平方公里0.753万人,人口密度总体偏低并呈现下降趋势。"鬼城""空城"在二、三线城市大量出现,便是城市建设用地浪费、闲置的具体表现。

2006—2016年,四大板块异速生长系数均大于0.85,处于正异速生长阶段,土地相对增长速度大于人口相对增长速度。其中,东北地区异速生长系数波动范围在0.94~1.05;东部地区异速生长系数波动范围在0.89~0.95;中部地区异速生长系数波动范围在0.88~0.932;西部地区异速生长系数波动范围在0.85~0.88。

四大板块在2006—2016年期间,异速生长系数由高到低顺序依次为东北、东部、中部、西部。东北地区异速生长系数均值最高,达到0.980;排名第二的是东部地区,异速生长系数均值为0.924;排名第三的是中部地区,异速生长系数均值为0.921;排名最后的是西部地区,异速生长系数均值为0.876。研究期间,各地区异速生长系数和增长趋势有很大区别,东北地区人口流失,土地相对增长速度较快,异速生长系数最高;东部与东北地区正好相反,人口相对增长速度较高,异速生长系数有下降趋势;中部和西部地区异速生长系数走势基本相同,略有上升。除去东北地区,异速生长系数从东向西不断递减,与我国经济发展水平由东向西逐级递减有关。东部地区经济发展水平较高,人口增长率较高,人口增长速度较快,同时,土地增长率呈现下降趋势,东部地区异速生长系数整体呈现下降趋势。

2011年,中部地区异速生长系数首次高于东部,表明从2011年开始,中部地区城市建设全面加速。

西部地区在自然环境和地理格局制约下,经济发展相对落后。但随着"西部大开发"战略实施,西部经济日趋繁荣并得到长足发展。2006—2016年,西部地区异速生长系数处于持续增长态势。

东北地区人口增长率在四大板块中均值最低,平均只有0.56%。与较低的人口增长率相比,东北地区土地增长率相对较高,决定东北地区异速生长系数整体较高,土地的相对增长速度远远高于人口的相对增长速度。

2006—2016年,除去东部地区异速生长系数有下降趋势外,东北、中部及西部地区异速生长系数都呈现上升趋势。东北和中部地区上升趋势较为明显,两大板块异速生长系数的标准差分别为0.021和0.013,标准差相对较高,异速生长系数上升明显。西部地区开始上升较为缓慢,2014年之后上升迅速,异速生长系数标准差为0.020。东部地区异速生长系数有明显下降特征,异速生长系数标准差为0.02,表明东部地区异速生长系数波动较为明显,下降趋势明显。

分析结果表明,区域之间人地关系的异速生长水平有明显的差异,但结合全国及四大板块异速生长的结果综合比较可知,中国近十年来,无论从全国角度还是东、中、西及东北地区,土地的增长速度都大于人口的增长速度,土地集约利用程度较低,城市建设用地浪费、闲置现象明显。

第二,正异速三级土地显著扩张城市和正异速二级土地明显扩张城市主要集中在胡焕庸线以东地区,异速生长空间分布差异性显著。

中国正异速生长城市共有238个,正异速生长城市人口占总人口的73%,正异速生长城市建成区面积占总建成区面积的81.06%。正异速三级土地显著扩张型城市共有78个,人口占总人口的19.44%,建成区面积占总建成区面积的25.33%。正异速三级城市在空间上主要分布在中国东部沿海地区,具体有:哈长城市群、辽中南城市群、京津冀城市群、山东半岛城市群、长三角城市群、环鄱阳湖城市群、海峡西岸城市群、珠三角城市群。正异速二级土地明显扩张型城市共有140个,人口占总人口的46.18%,建成区面积占总建成区面积的48.41%。正异速二级土地明显扩张类型城市是正异速生长城市的主要组成部分。正异速二级城市在空间上主要分布在中国中西部地区,具体有:中原城市群、京津冀城市群、太原城市群、长株潭城市群、成渝城市群、北部湾城市群、乌昌石城市群。正异速一级人地基本协调型城市共有 20 个，人口占总人口的 7.38%，建成区面积占总建成区面积的 7.32%，空间上分部较分散，中国南部居多，主要分布在中原城市群、环鄱阳湖城市群、珠三角城市群、北部湾城市群及滇中城市群。

中国负异速生长城市共有 55 个，负异速生长城市人口占总人口的 27%，城市建成区面积占总建成区面积的 18.94%。负异速一级人口明显扩张型城市共 21 个，人口占所研究城市总人口的 7.4%，建成区面积占所研究城市总建成区面积的 5.97%。负异速二级人口显著扩张型城市共有 12 个，人口占所研究城市总人口的 16.09%，建成区面积占所研究城市总建成区面积的 9.08%。人口明显扩张和人口显著扩张型城市在空间上主要分布在胡焕庸线以东地区，主要有辽中南城市群、京津冀城市群、中原城市群、珠三角城市群中的超大城市及滇中城市群、武汉城市圈的部分城市。负异速三级人地有所收缩型城市共有 22 个，人口占所研究城市总人口的 3.52%，建成区面积占所研究城市总建成区面积的 3.89%，空间上主要分布在东北黑龙江、吉林地区，内蒙古中部、新疆西北部。这些城市多以人口下降为主，属于资源型城市，当资源枯竭时，经济发展缓慢，就业机会减少，城市迁出人口增多，迁出人口大于迁入人口，人口规模变小，表现出人地收缩特征。

第三，从微观角度看，三大都市圈异速生长系数的空间自相关性较强，空间集聚现象较为明显，"高-高"集聚和"低-低"集聚态势显著。

通过对城市群人口土地异速生长关系的空间分布特征进行分析，发现我国主要城市群异速生长呈现集聚的空间分布特征。长三角都市圈异速生长系数空间相关关系为正相关，有相同人口特征和土地增长特征的城市集聚分布，其中土地显著扩张型城市和人口明显增长型城市集聚现象明显。土地显著扩张型城市和土地明显扩张型城市主要分布在长三角中部，人口显著增长和人口明显增长的城市主要集聚分布在长三角东部沿海地区。珠三角都市圈异速生长系数空间相关关系为正相关，有相同人口特征和土地增长特征的城市集聚分布，其中土地显著扩张型城市和土地明显扩张型城市集聚现象明显，其他类型城市分布较为分散。土地显著扩张和土地明显扩张的城市主要集聚分布在珠三角西部地区。京津冀都市圈主要结论有：从空间集聚分布规律看，京津冀都市圈异速生长系数空间相关关系为负相关，高低集聚明显，以北京为中心的周边城市具有该明显特征。

第四,在影响城市人地异速生长系数的基本因素中,城市行政区位及城市土地市场化率是两大首要因素,它表明城市人地异速生长不协调性与城市行政区位和土地市场化相互助力。在一定程度上,行政区位直接作用于人地关系,并左右着土地市场化进程。

通过影响因素的显著性分析,得出土地市场化率及行政区位是目前影响城市异速生长系数的主要力量。从全国范围看人力资本积累能力的显著性水平较低,但通过检验;自然资源禀赋,虽参数估计值较小,但是显著性水平较高,在调整区域人地关系时是不可或缺的影响因素。城市基础设施虽然在东北地区没有通过显著性检验,但是全国及多数地区都通过了较强的显著性检验,表明城市基础设施是影响区域人地关系的稳定因素。

通过夏普利值方法对异速生长系数影响因素的贡献度进行分析,得出土地市场化率是影响异速生长系数差异的主要因素,行政区位是影响异速生长系数差异的重要因素,基础设施建设是影响异速生长系数差异的稳定因素,自然资源禀赋是影响异速生长系数差异的不可或缺因素,人力资本积累能力是影响异速生长系数差异的驱动因素。

7.2 政策取向

中国地域宽广、幅员辽阔,各个地区之间初始资源禀赋及经济发展水平存在较大异质性,因此城市人口增长与土地扩张的动态均衡机制及实现路径应该根据不同地域特征分区制定。基于前文宏观视角下对全国及东、中、西、东北地区人地异速生长关系的时空变化特征研究,及从微观视角下对三大都市圈异速生长关系的协调性与空间关联性研究,得出中国城市人地异速生长存在较为明显的地域特征。因此,城市人口增长与土地扩张协调发展政策从发达地区、赶超地区和后进地区三个方面进行阐述。

7.2.1 发达地区的政策取向

发达地区是经济实力强、生产力整体发展水平高且平衡、科技发展水平先进的地区。发达地区经济发展迅速,在带动中国经济提速发展过程中起到重要的引擎作用。发达地区普遍的特征是有较高的城市竞争力,主要表现为有较高的人均产值、工业化水准和生活品质。

发达地区经济发展迅速,对资金、人才、信息等市场要素的集聚能力较为显著,异速生长系数多低于0.85,异速生长系数水平总体较低,人口的相对增长速度较高,土地资源稀缺。经济发达地区城市人口与土地增长的动态均衡机制和实现路径主要可从以下三个方面进行。

第一,提高利用效率,集约土地利用。合理安排不同用地性质土地,优化用地结构,提高用地效率,使有限的稀缺土地发挥最大效用,以实现发达地区土地资源紧缺的背景下,土地优化配置与功能组合。发达地区普遍存在工业用地占地过大,土地资源浪费现象明显。因此,政府在出让土地过程中,要严格把控工业用地规模,可将设备陈旧与技术落后的工业迁入城郊,将高新技术、低投入高产出的产业引进市区,通过土地资源的合理置换,最大限度利用发达地区的有限稀缺土地资源。

城市土地置换可提高土地利用效率,通过对城市不同性质、不同用途的土地进行功能配置的转化,实现土地利用效率的提高。根本上讲,是通过价格作为杠杆调控土地资源有效配置,达到资源高效利用。级差地租在土地资源配置上相当于商品价格,并发挥重要作用。许多经济发达城市,比如上海、杭州等大城市的代表,借助级差地租的杠杆原理,将本市区内生产技术落后、创新性低的产业从高地租地段迁移至郊区的低地租地段,并将有利地段让位于创新性强、高产出的第三产业。在级差地租的杠杆原理调控下,将土地价值与利用该区域土地产生的有效价值紧密、合理结合,创造价值高的产业占据土地商业价值高的区域,创造价值低的产业占据土地商业价值低的区域,如此合理的土地资源配置,在提高发达地区有限的土地资源利用效率上发挥积极作用。

第二,建立并完善发达地区土地利用市场机制,充分利用市场机制配置建设用地。发达地区土地市场化程度较高,应该充分发挥市场对建设用地的配置作用,通过价格机制合理调控建设用地规模。

价格机制是土地市场进行资源配置的核心机制,有序且合理的土地市场价格体系是土地资源有效配置的有效保障。同区不同市,或同市不同区之间都要将土地的市场价格与其价值紧密结合起来。土地用途的转化、不同土地使用主体的转化,都要在市场机制充分作用背景下,按照市场价格有序合理地进行。

提高土地使用税率,提高发达地区土地使用"门槛",提高新征农业用地征收标准,坚持土地有偿使用原则。在耕地压力大、城市土地"摊大饼"式的扩张背景下,坚持土地的集约利用,让市场价格发挥对土地资源的配置作用,是保护耕地安全、促使城市土地有序扩张、促进产业结构升级的有力保障。

第三,积极实施土地整理,推进土地二次开发。对发达地区低效建设用地上的建筑物及构筑物进行拆除,实施土地整理,按照规划要求进行建设,使建设用地利用由外延式增长转变为内涵式挖潜。

城市发展需要净地开发作为支撑,发达地区新增建设用地所具有的开发潜力与城市发展所需净地之间存在巨大矛盾,解决该矛盾的有效方法是对发达地区土地积极进行二次开发,提高城市土地的利用效率,提高建设用地的容积率。多数发达城市土地资源十分或缺,在解决城市可持续发展的问题中,土地瓶颈已成为探路前行的重任,对城市存量建设用地中低效用地进行处理,为进一步发展提供土地空间。发达城市中存在大量的低效利用土地,对该部分土地进一步开发,最大限度发挥该部分土地可以带来的经济价值,对实现发达地区耕地保护及经济持续健康发展有重要意义。

7.2.2 赶超地区的政策取向

经济赶超地区都具有强烈的经济赶超意识和强大的经济导向功能。经济赶超地区以经济发达地区为目标,经济发展潜力巨大,后发优势强。

经济赶超地区异速生长系数大于0.85,并有进一步上升趋势,经济赶超地区土地的相对增长速度在进一步加快。经济赶超地区的城市人口与土地增长的动态均衡机制与实现路径可从以下三个方面进行。

第一,调整产业结构,促进产业转型升级。赶超地区应该发挥自身的比较优势,培育支柱产业壮大发展;提升高新技术产业比重,促进产业结构转型升级。赶超地区崛起在一定程度上是赶超地区工业化完成阶段,赶超地区崛起必须加快推进以先进制造业为核心的新型工业化进程,充分利用劳动力成本优势、人力资源优势、工业基础比较雄厚优势,及有利的区位优势和基础设施条件,不断提升制造业的质量和扩大制造业规模。

经济赶超地区人口除有一部分流向沿海和省会城市外,还有相当一部分要在当地实现就地城市化。因此,这些地区需要大力改善当地的营商环境和公共服务,利用当地的劳动力、土地资源优势吸引对劳动力依赖较大的产业,加快当地的经济发展,促进人口就近实现就业并实现城市化,做大做强中心城区的规模和影响力。产业集聚才能带动人口集聚,并促使城市化加速发展。因此,实体产业是决定未来城市发展的关键,如果仅依靠土地政策,城市发展无法走远。

第二,加快推进城市化进程速度。相比发达地区,赶超地区的城市化水平落后,应该加快促进农民向城市转移,发挥城市集聚效应,提高建设用地效率。赶超地区多处于城市化中期的快速发展阶段,大量农村人口需要转移,城市化发展基础良好,并且潜力巨大。通过新型城市化结合农业现代化,加快推进中部农业、农村和城市基础设施建设,既缓解了发达地区城市发展的资源和环境压力,又实现了基础设施投资收益的较大化。统筹城乡发展,推进多种形式的适度规模经营,以科技、一二三产业融合带动现代农业发展,促进农民工返乡就业创业。

加快推进赶超地区城市化进程速度,根本上是加快赶超地区的城市群建设,加快赶超地区城市群建设对缓解经济发达地区城市压力、缓解经济发达地区承载力不足有积极意义。同时,加快赶超地区城市群建设可以加快人口与产业的集聚发展,从而降低公共服务成本、节约资源,加强集聚经济带来的正面溢出效应。

第三,加快实施存量建设用地挖潜力度,合理规划城市发展边界。

严格控制该区域新增的建设用地是控制城市无序蔓延的有效途径,只有严格控制区域新增建设用地数量,才能充分提高存量建设用地的使用潜力。对没有通过项目预审、没有取得用地计划指标的项目,必须严格执行新增建设用地计划,坚决不予用地审批。控制城市无序蔓延,严格审批赶超地区新增建设用地,充分挖掘赶超地区存量建设用地的潜力。

日本理论界认为土地利用管理中最为有效和现实的方法是土地用途地域管制。在日本若要变更土地使用用途,会经历严格烦琐的程序,并对土地用途改变的土地所有者施加重税。美国在土地利用中结合"城市精明增长理论",对城市土地的无序与粗放利用严格控制。

如前所论,中国二、三线城市存在大量的"城中村"和"城市空置化"现象,对于这些二、三线的赶超城市,提高城市土地的利用效率显得迫在眉睫。同时,要加强对棚户区的改造,完善居民生活的配套设施,提高城市土地开发密度,优化城市土地利用结构并提高土地利用效率,加强土地二次利用频率。

7.2.3 后进地区的政策取向

后进地区是指有一定经济实力和潜力,但与经济发达地区还有一定的差距,生产力整体发展水平较低且不平衡,科技发展水平较为落后的地区。"知识贫困、技术落后"是经济后进地区具有的显著特征。与此同时,经济后进地区还伴有体制转型滞后、计划经济痕迹明显、政府职能转变滞后、政府部门干预经济过多,以及政府管理方式落后、运行效率低下等问题。后进地区经济发展缓慢,人均产值、工业化水准和生活品质都普遍较低。

后进地区人口流动规模较小,即人口流入和流出都较小,所以后进地区人口增长速度基本保持不变。不变的土地相对增长速度和不变的人口相对增长速度将导致该地区异速生长系数趋于临界值 0.85。后进地区异速生长系数总体呈现上升趋势,异速生长系数的上升表明土地相对增长速度整体大于人口相对增长速度,土地有向粗放型使用发展趋势。后进地区城市人口与土地增长的动态均衡机制和实现路径主要可从以下三个方面进行。

(1) 加快后进地区土地市场化建设进程

后进地区和发达地区相比,土地市场化进程速度较为缓慢。经济发达地区,土地市场化进程表现为稳中有升的趋势;经济赶超地区中较为强劲地区,土地市场化进程有波动发展的态势;经济后进地区,土地市场化进程表现相对缓慢。总体而言,全国各省区的土地市场化程度分布基本表现为由东到西、由经济赶超地区向经济后进地区不断降低的趋势。

土地市场是合理配置土地资源的重要场所,土地市场的发育程度与土地资源能否高效、合理配置有密切关系,土地市场的快速发展不仅有利于土地的高效配置,更对产业结构升级和经济持续发展有积极促进作用。

因此,加快后进地区的土地市场化进程有助于缩小西部与东部地区经济发展差距。后进地区要扩大土地出让的市场交易比重,控制政府对土地资源的计划配置范围,充分发挥市场合理配置土地资源能力。

（2）完善土地利用规划，发挥宏观控制作用

规划对土地利用的长远和全局产生重要影响，规划是通过对土地使用的调节，从宏观层面发挥对土地资源的配置作用，合理的城市规划可以改善城市的空间结构和社会关系，并对城市现有土地的再开发和再利用以及城市的改造和更新有重要作用。

由此可见，规划先行成为土地集约利用的关键。对土地利用规划之中的不完善之处，着重从以下三点加以改进。

首先，规划要根据当地实际情况拟定。城市用地规划需要考虑该地区发展现状，针对规划编制内容做出适当的调整，并对传统的规划编制方法加以改进，加以论证，从而为后进地区土地利用规划的制定提供参考依据。

制定土地利用规划，先规划后建设，防止开发建设环节过于盲目的现实问题。同时，城市土地利用规划的制定要近远期相结合，不仅要考虑近期发展，立足现阶段的发展状况、功能定位以及特色，同时，也要考虑长远发展，具有一定的预测性。在制定近期规划过程中，在各个城市现状的基础上，逐步向新区方向发展，实现新老城市的和谐发展。在制定远期规划的过程中，以新区为中心，围绕新区进行扩张。同时，结合新区的区位优势、发展实力、不同城市的经济实力以及基础设施现有状况，制定发展规划，不断扩大周边地区开发边际效应，带动周边地区经济发展，新城区土地开发需要根据这一规划的要求实施。

充分利用好存量土地以后，再使用新征占用土地。控制好土地开发时间、基本流程、开发强度等，尽可能实现不早征地，保证所有的土地得到合理利用，实现土地资源的优化配置，防止低效率开发。

城市用地资源的优化配置以及合理利用，需要按照土地级差效益原理实施，结合不同城市地区的资源、基础设施、地理位置等，确定用地分等定级，不断完善用地功能。

站在市场经济的角度，对土地的经济做具体分析，使城市规划效益最大化，在整体规划结构当中，还需要使用成本效益方法，对其可行性做进一步的研究。在城市建设过程中，对建设项目不同的环节做具体综合量化分析。采取最佳成本效益组合的方式，创造最大化经济效益。分析多个方案成本效益，确定有利于提高资源利用效率的规划方案，研究各个阶段区域经济发展状况，预测城镇今后的功能趋势，实现各个地区经济协调发展，不断完善城市体系结

构,实现土地资源的优化配置。

其次,针对土地利用规划的实施做好监督作用,合理、科学编制土地利用规划。根据集约利用土地原则,展现规划的权威性和总纲性。规划对城市发展具有重要意义,也是制定城市发展各类规划的基础,按照节约与合理利用的原则,结合区域城市发展现状,有针对性地实施规划。针对不符合土地利用总体规划的行为,以及建设用地产出不高、土地资源浪费问题,采取相应的处罚措施。

再次,遵照规划规定,严格实施土地储备政策。

土地储备制度反映了我国土地管理模式的转变,在计划经济体制转为社会主义市场经济过程中,转变土地由外延粗放型转向内涵集约型利用方式,并以推动城市发展为目标,实现资源的合理利用,是提升土地利用效率的有效手段。政府要加大宏观调控力度,确保土地保值增值。

土地储备制度的实施有利于为土地总体规划的制定提供参考依据,以实现城市资金的聚集。土地储备功能是指按照城市规划的要求,提高土地资源利用效率,明确土地功能划分,实现城市土地的集约利用。

城市规划与城市土地储备相辅相成,互相促进。城市规划有利于为城市土地储备提供支持,城市土地储备在一定程度上推动了城市规划的发展,并在这一规划基础上加强土地储备整理。针对土地规划实施环节加强做好执法工作,充分发挥公众的监督作用,规划当中与群众利益相关的政策,需要听取群众的意见。对规划实施环节的违法行为,按照法律法规进行监督,充分发挥城市规划对土地利用的约束力。对不符合用地规划的行为要重点查处,尤其是未经过审批乱圈乱占及未达到开发要求的行为,要加大处罚力度。同时,建立负责人追责制度,充分保障城市土地集约利用。

(3) 积极承接产业转移,促进产业结构升级

土地利用效率提高过程,必定伴随当地产业结构的优化与升级。级差地租作为反映土地市场的资源价值,使土地价值与使用土地的创造价值紧密结合。后进地区首先要采取经济杠杆的方式,对外积极承接经济发达地区的产业转移,对内不断完善土地利用结构,保证土地集约利用。其次,建立区域合作机制。区域合作机制有利于实现发达地区向后进地区产业转移,共促发达与后进地区产业协调发展,实现双方的资源共享,通过产业转移加快产业结构

调整的步伐,实现资源的优化配置。

7.3 研究展望

本书基于生物学异速生长定律的基础,着重研究了全国及东、中、西、东北地区主要城市群的人口和土地的异速生长关系。通过异速生长系数界定研究区域的土地集约利用程度,在研究视角上主要着重于关注城市人口和土地的关系。

然而,对区域产业结构以及土地利用结构两者之间的耦合关系需要做进一步的分析,根本原因在于产业发展是建立在土地资源利用的基础上的,产业空间结构同时也反映土地利用类型的结构。土地的利用状态是指多个要素集聚以及配置的空间表现,呈现出了区域经济发展的基本特征、内在机理。

鉴于本书土地集约利用主要是从人口土地关系考虑,较少涉及区域产业结构和土地利用结构的对应关系,因此在研究视角上需要在进一步评估产业部门土地综合利用效率的基础上,结合经济、社会、环境的综合效益评价标准,提出该区域产业结构优化方向,将土地集约利用与产业优化升级有效结合,以促进土地长期可持续集约利用。

附 录

中国各地级市城市竞争力综合得分

根据经济竞争力、基础设施竞争力、科教文化竞争力、对外开放竞争力、环境竞争力五个方面,本书共选取 21 个指标,对全国 285 个地级及以上城市进行分类评价和综合评价,得到各地级市城市竞争力综合得分。

中国各地级市城市竞争力综合得分

城市	F_1	F_2	F_3	F	城市	F_1	F_2	F_3	F
上海市	8.381	3.418	-6.470	7.033	自贡市	-0.307	0.263	0.041	-0.241
北京市	7.933	0.308	-0.566	6.795	淮南市	-0.231	-0.449	-0.122	-0.241
深圳市	4.835	4.031	-3.144	4.254	赤峰市	-0.288	0.004	-0.014	-0.247
广州市	4.664	-1.326	0.355	3.925	三门峡市	-0.356	0.491	0.316	-0.248
天津市	3.949	-2.286	0.472	3.244	通辽市	-0.371	0.628	0.337	-0.248
重庆市	4.082	-8.659	4.132	3.109	黄山市	-0.315	0.250	0.035	-0.249
成都市	2.665	-2.924	1.663	2.171	十堰市	-0.254	-0.283	-0.157	-0.250
杭州市	2.380	0.345	0.585	2.107	滨州市	-0.268	-0.034	-0.278	-0.251
南京市	2.178	0.082	1.550	1.976	揭阳市	-0.237	-0.642	-0.001	-0.253
苏州市	2.071	3.531	-1.611	1.943	滁州市	-0.350	0.529	0.096	-0.254
东莞市	2.009	1.056	-0.994	1.741	阳江市	-0.321	0.237	-0.023	-0.259
武汉市	1.700	-0.452	1.711	1.536	长治市	-0.337	0.204	0.203	-0.260

续表

城市	F_1	F_2	F_3	F	城市	F_1	F_2	F_3	F
佛山市	1.425	0.140	0.165	1.245	淮北市	-0.315	-0.038	0.192	-0.261
青岛市	1.354	0.241	0.979	1.244	朔州市	-0.390	0.690	0.313	-0.262
大连市	1.198	0.864	0.306	1.115	茂名市	-0.177	-1.002	-0.506	-0.262
宁波市	1.087	1.294	0.450	1.061	吉安市	-0.368	0.513	0.202	-0.263
沈阳市	1.250	-0.466	0.160	1.047	鹰潭市	-0.410	0.832	0.369	-0.264
西安市	1.216	-2.603	2.114	0.982	南阳市	-0.207	-0.865	-0.343	-0.266
济南市	1.098	-1.043	1.403	0.954	清远市	-0.241	-0.202	-0.717	-0.269
无锡市	0.898	1.670	0.838	0.953	萍乡市	-0.324	0.056	0.063	-0.270
厦门市	0.920	0.863	-0.139	0.847	六安市	-0.246	-0.735	-0.097	-0.274
长沙市	0.864	-0.611	1.668	0.803	承德市	-0.355	0.347	0.048	-0.275
郑州市	0.912	-1.392	1.158	0.752	梧州市	-0.341	0.134	0.103	-0.276
常州市	0.702	0.977	1.134	0.751	辽阳市	-0.353	0.382	-0.065	-0.278
长春市	0.824	-1.040	1.435	0.721	宁德市	-0.383	0.616	0.048	-0.279
烟台市	0.574	1.634	1.219	0.697	铜仁市	-0.344	0.322	-0.185	-0.282
合肥市	0.667	-0.038	1.510	0.668	齐齐哈尔	-0.278	-0.106	-0.554	-0.283
哈尔滨	0.812	-1.516	0.931	0.641	宿州市	-0.273	-0.591	-0.076	-0.285
福州市	0.548	0.386	0.890	0.558	佳木斯市	-0.373	0.408	-0.036	-0.291
珠海市	0.350	1.712	1.093	0.503	遂宁市	-0.339	0.070	-0.097	-0.292
昆明市	0.563	-1.065	1.268	0.484	晋城市	-0.361	0.298	-0.098	-0.294
南宁市	0.515	-1.637	1.457	0.412	六盘水市	-0.360	0.255	-0.070	-0.294
惠州市	0.419	0.549	0.123	0.410	安阳市	-0.305	-0.210	-0.247	-0.294
中山市	0.435	0.615	-0.246	0.405	平顶山市	-0.305	-0.183	-0.293	-0.295
淄博市	0.330	0.165	1.555	0.397	玉溪市	-0.373	0.366	-0.056	-0.296
南通市	0.295	1.141	0.775	0.391	石嘴山市	-0.391	0.436	0.069	-0.298
咸宁市	-0.205	3.455	4.477	0.380	漯河市	-0.334	-0.253	0.098	-0.300
南昌市	0.401	-0.932	1.478	0.369	池州市	-0.375	0.286	-0.063	-0.304
乌鲁木齐	0.357	-0.248	0.760	0.337	开封市	-0.208	-1.263	-0.483	-0.307

续表

城市	F_1	F_2	F_3	F	城市	F_1	F_2	F_3	F
石家庄市	0.398	-1.192	1.196	0.328	黄石市	-0.348	0.114	-0.292	-0.309
太原市	0.369	-0.729	0.883	0.319	防城港市	-0.350	0.040	-0.198	-0.310
贵阳市	0.385	-1.105	1.036	0.313	张家口市	-0.272	-0.714	-0.347	-0.311
绍兴市	0.237	0.487	0.659	0.284	焦作市	-0.330	-0.109	-0.319	-0.312
包头市	0.123	0.693	1.858	0.279	钦州市	-0.266	-0.740	-0.432	-0.313
徐州市	0.255	-0.310	1.270	0.278	荆门市	-0.370	0.201	-0.182	-0.314
东营市	0.020	1.527	2.102	0.271	嘉峪关市	-0.417	0.625	-0.060	-0.314
扬州市	0.151	0.817	1.155	0.267	益阳市	-0.340	-0.169	-0.143	-0.314
温州市	0.256	0.036	0.051	0.225	铜川市	-0.408	0.329	0.154	-0.315
大庆市	0.008	1.264	1.866	0.225	娄底市	-0.401	0.389	-0.014	-0.316
唐山市	0.357	-1.401	0.307	0.219	信阳市	-0.314	-0.535	-0.081	-0.316
汕头市	0.378	-2.317	0.834	0.201	宣城市	-0.385	0.295	-0.144	-0.317
镇江市	0.004	1.300	1.256	0.185	荆州市	-0.312	-0.209	-0.525	-0.318
威海市	0.039	0.966	0.802	0.160	玉林市	-0.301	-0.476	-0.358	-0.318
银川市	-0.048	1.101	1.724	0.156	安顺市	-0.319	-0.322	-0.324	-0.320
柳州市	0.015	0.448	1.090	0.118	菏泽市	-0.235	-1.086	-0.575	-0.322
江门市	0.037	0.613	0.223	0.093	抚州市	-0.363	-0.264	0.090	-0.326
盐城市	0.045	0.354	0.393	0.091	阜阳市	-0.249	-1.235	-0.351	-0.331
嘉兴市	-0.040	1.259	0.439	0.091	上饶市	-0.296	-0.566	-0.544	-0.333
兰州市	0.123	-0.656	0.255	0.072	永州市	-0.364	-0.071	-0.252	-0.334
芜湖市	-0.008	0.323	0.725	0.065	宜春市	-0.370	-0.148	-0.097	-0.336
廊坊市	-0.133	1.293	1.208	0.064	阳泉市	-0.389	0.133	-0.187	-0.336
呼和浩特	0.013	0.075	0.585	0.055	商丘市	-0.270	-1.299	-0.089	-0.337
泉州市	-0.023	0.482	0.551	0.053	濮阳市	-0.362	-0.113	-0.268	-0.337
泰州市	-0.055	0.753	0.646	0.052	丽江市	-0.425	0.528	-0.326	-0.345
鄂尔多斯	-0.190	1.536	1.420	0.047	邢台市	-0.337	-0.285	-0.555	-0.347
潍坊市	0.004	0.074	0.473	0.040	许昌市	-0.325	-0.465	-0.519	-0.348

续表

城市	F_1	F_2	F_3	F	城市	F_1	F_2	F_3	F
淮安市	0.010	-0.080	0.455	0.032	资阳市	-0.379	-0.022	-0.350	-0.350
舟山市	-0.128	1.068	0.807	0.025	广元市	-0.365	-0.037	-0.522	-0.350
克拉玛依	-0.227	1.712	1.352	0.024	广安市	-0.364	-0.024	-0.569	-0.352
九江市	-0.207	1.331	1.426	0.017	临汾市	-0.341	-0.466	-0.500	-0.361
临沂市	0.025	-0.434	0.400	0.014	阜新市	-0.407	0.157	-0.369	-0.361
连云港市	-0.012	-0.040	0.322	0.008	普洱市	-0.432	0.429	-0.362	-0.361
台州市	-0.050	0.390	0.292	0.006	辽源市	-0.446	0.377	-0.109	-0.361
三亚市	-0.031	0.167	0.282	0.005	延安市	-0.427	0.162	-0.131	-0.363
洛阳市	0.012	-0.332	0.294	0.004	乐山市	-0.346	-0.315	-0.725	-0.369
济宁市	-0.045	0.027	0.623	0.004	邵阳市	-0.394	-0.066	-0.387	-0.369
日照市	-0.128	0.774	0.710	-0.005	怀化市	-0.416	0.197	-0.446	-0.371
丽水市	-0.208	1.546	0.846	-0.005	百色市	-0.444	0.236	-0.194	-0.376
邯郸市	0.067	-1.464	0.676	-0.011	巴彦淖尔	-0.437	0.275	-0.340	-0.376
金华市	-0.100	0.774	0.076	-0.021	安康市	-0.365	-0.621	-0.273	-0.379
湖州市	-0.161	0.900	0.734	-0.021	曲靖市	-0.394	-0.183	-0.469	-0.383
株洲市	-0.143	0.491	0.740	-0.037	周口市	-0.391	-0.205	-0.506	-0.384
莆田市	-0.080	-0.430	0.686	-0.057	晋中市	-0.394	-0.125	-0.588	-0.386
海口市	-0.036	-0.453	0.136	-0.057	雅安市	-0.440	0.216	-0.385	-0.386
宜昌市	-0.147	0.319	0.657	-0.059	张掖市	-0.418	0.024	-0.486	-0.389
泰安市	-0.122	0.099	0.438	-0.068	呼伦贝尔	-0.369	0.037	-1.176	-0.391
马鞍山市	-0.220	0.813	0.818	-0.073	吴忠市	-0.451	0.195	-0.304	-0.392
遵义市	-0.093	-0.487	0.646	-0.075	鄂州市	-0.354	-0.750	-0.517	-0.395
三明市	-0.247	1.308	0.547	-0.076	驻马店市	-0.390	-0.474	-0.421	-0.399
湘潭市	-0.201	0.630	0.691	-0.080	临沧市	-0.449	0.169	-0.426	-0.400
湛江市	-0.149	0.319	0.356	-0.080	鹤壁市	-0.436	-0.056	-0.342	-0.401
吉林市	-0.082	-0.350	0.216	-0.083	黑河市	-0.475	0.455	-0.492	-0.405
秦皇岛市	-0.101	0.004	0.018	-0.085	眉山市	-0.392	-0.303	-0.699	-0.405

续表

城市	F_1	F_2	F_3	F	城市	F_1	F_2	F_3	F
拉萨市	-0.198	1.016	0.097	-0.086	营口市	-0.308	-0.570	-1.543	-0.408
常德市	-0.207	0.501	0.806	-0.087	金昌市	-0.471	0.352	-0.502	-0.410
襄阳市	-0.062	-0.475	0.000	-0.089	庆阳市	-0.426	-0.033	-0.660	-0.411
新余市	-0.287	1.001	1.166	-0.094	衡水市	-0.360	-0.427	-1.067	-0.411
衢州市	-0.229	0.879	0.417	-0.102	天水市	-0.376	-0.680	-0.579	-0.413
桂林市	-0.138	0.299	-0.198	-0.109	通化市	-0.459	0.130	-0.511	-0.418
潮州市	-0.186	-0.138	0.901	-0.112	白银市	-0.425	-0.128	-0.660	-0.418
肇庆市	-0.139	0.288	-0.282	-0.115	双鸭山市	-0.463	0.164	-0.513	-0.418
保定市	-0.044	-1.169	0.134	-0.118	内江市	-0.394	-0.388	-0.804	-0.420
漳州市	-0.255	0.799	0.544	-0.122	亳州市	-0.369	-0.783	-0.686	-0.421
绵阳市	-0.164	0.059	0.090	-0.130	固原市	-0.431	-0.137	-0.635	-0.421
郴州市	-0.268	0.682	0.692	-0.133	汉中市	-0.418	-0.088	-0.865	-0.422
龙岩市	-0.224	0.344	0.466	-0.135	葫芦岛市	-0.419	-0.222	-0.782	-0.428
岳阳市	-0.229	0.312	0.499	-0.140	昭通市	-0.382	-0.451	-1.039	-0.430
西宁市	-0.220	0.244	0.376	-0.146	运城市	-0.427	-0.248	-0.738	-0.433
铜陵市	-0.277	0.594	0.694	-0.147	丹东市	-0.406	-0.379	-0.957	-0.440
枣庄市	-0.143	-0.619	0.289	-0.151	鹤岗市	-0.478	0.085	-0.565	-0.440
景德镇市	-0.345	0.928	1.015	-0.159	平凉市	-0.475	-0.243	-0.360	-0.450
韶关市	-0.278	0.656	0.451	-0.159	河池市	-0.469	0.078	-0.832	-0.450
鞍山市	-0.162	0.037	-0.532	-0.171	铁岭市	-0.451	-0.079	-1.005	-0.458
赣州市	-0.191	-0.301	0.154	-0.177	牡丹江市	-0.329	-0.597	-2.003	-0.459
大同市	-0.176	-0.340	-0.034	-0.179	鸡西市	-0.461	-0.124	-0.854	-0.461
宝鸡市	-0.220	-0.108	0.277	-0.179	云浮市	-0.439	-0.162	-1.104	-0.461
抚顺市	-0.207	0.151	-0.260	-0.183	来宾市	-0.436	-0.368	-0.992	-0.467
沧州市	-0.272	0.376	0.295	-0.186	汕尾市	-0.459	-0.106	-1.023	-0.469
德州市	-0.255	0.052	0.425	-0.187	张家界市	-0.497	-0.031	-0.641	-0.470
蚌埠市	-0.229	-0.034	0.167	-0.188	四平市	-0.435	-0.369	-1.088	-0.473

续表

城市	F_1	F_2	F_3	F	城市	F_1	F_2	F_3	F
北海市	-0.310	0.476	0.578	-0.192	吕梁市	-0.491	-0.058	-0.843	-0.481
聊城市	-0.256	0.117	0.280	-0.193	巴中市	-0.427	-0.578	-1.100	-0.482
攀枝花市	-0.316	0.657	0.402	-0.194	酒泉市	-0.489	-0.128	-0.837	-0.484
德阳市	-0.312	0.740	0.232	-0.196	随州市	-0.471	-0.392	-1.134	-0.508
咸阳市	-0.262	-0.003	0.343	-0.203	渭南市	-0.386	-0.970	-1.647	-0.513
榆林市	-0.323	0.566	0.467	-0.203	毕节市	-0.346	-1.357	-1.730	-0.514
梅州市	-0.293	0.495	0.079	-0.208	贵港市	-0.334	-1.625	-1.591	-0.515
崇左市	-0.404	1.075	0.857	-0.208	黄冈市	-0.511	-0.254	-1.006	-0.523
本溪市	-0.292	0.534	0.021	-0.209	达州市	-0.321	-1.827	-1.723	-0.528
泸州市	-0.257	0.102	0.043	-0.210	白山市	-0.490	-0.447	-1.298	-0.539
宿迁市	-0.293	0.372	0.152	-0.213	武威市	-0.414	-1.185	-1.453	-0.541
乌海市	-0.371	0.938	0.510	-0.213	忻州市	-0.500	-0.523	-1.103	-0.541
莱芜市	-0.285	0.128	0.296	-0.216	白城市	-0.496	-0.451	-1.306	-0.546
南平市	-0.330	0.574	0.347	-0.216	孝感市	-0.445	-0.808	-1.630	-0.550
亳州市	-0.337	0.721	0.238	-0.219	中卫市	-0.476	-0.496	-1.638	-0.553
宜宾市	-0.275	0.258	-0.105	-0.223	朝阳市	-0.470	-0.731	-1.685	-0.569
南充市	-0.247	-0.181	0.035	-0.224	伊春市	-0.491	-0.760	-1.610	-0.584
新乡市	-0.250	-0.132	0.004	-0.224	贺州市	-0.400	-1.533	-1.965	-0.589
河源市	-0.349	0.698	0.269	-0.229	保山市	-0.443	-1.360	-1.811	-0.602
松原市	-0.359	0.566	0.436	-0.236	定西市	-0.517	-0.777	-1.847	-0.623
衡阳市	-0.198	-0.417	-0.572	-0.239	绥化市	-0.531	-0.746	-1.952	-0.640
盘锦市	-0.296	0.248	-0.077	-0.240	商洛市	-0.509	-1.102	-1.964	-0.649
陇南市	-0.525	-2.074	-3.422	-0.833					

参考文献

[1] 刘易斯.经济增长理论[M].周师铭,沈丙杰,沈伯根,译.北京:商务印书馆,1996.

[2] 艾南山,陈嵘,李后强.走向分形地貌学[J].地理学与国土研究,1999,(1):92-96.

[3] 毕宝德.土地经济学[M].北京:中国人民大学出版社,1991.

[4] 陈蓉.中国人口迁移的经济活动集聚效应研究[D].上海:上海社会科学院,2016.

[5] 陈溶萍,董捷.城市城区面积:城市人口异速生长关系研究[J].产业与科技论坛,2008,(10):159-160.

[6] 陈彦光.Beckmann城市体系异速生长模型的理论基础与实证分析[J].科技通报,2002,18(5):360-367.

[7] 陈彦光.城市体系KOCH雪花模型的实证研究:中心地K3体系的分形与分维[J].经济地理,1998,(4):33-37.

[8] 陈彦光,刘继生.城市规模分布的分形和分维[J].人文地理,1999,(2):43-48.

[9] 陈彦光,刘继生.城市系统的异速生长关系与位序-规模法则[J].地理科学,2001,(5):412-416.

[10] 陈彦光.城市形态的分维估算与分形判定[J].地理科学进展,2017,36(5):529-539.

[11] 陈彦光.城市异速标度研究的起源、困境和复兴[J].地理研究,

2013,(6):1033-1045.

[12] 陈彦光.分形城市与城市规划[J].规划研究,2005,(2):33-37.

[13] 陈彦光.城市人口-城区面积异速生长模型的理论基础、推广形式及其实证分析[J].华中师范大学学报,2002,(3):375-380.

[14] 陈彦光,罗静.河南省城市交通网络的分形特征[J].信阳师范学院学报,1998,(2):172-177.

[15] 陈彦光,许秋红.区域城市人口—面积异速生长关系的分形几何模型[J].信阳师范学院学报(自然科学版),1999,12(2):198-203.

[16] 陈彦光,张莉.信阳城市人口-城区用地异速生长分析[J].地理科学进展,2014,(8):1058-1067.

[17] 陈勇.城市规模分布的分形研究[J].经济地理,1993,(10):49-53.

[18] 常静,李雪铭.修正后的城市系统异速生长方程实证研究:以大连市为例[J].地理科学,2004,24(4):406-412.

[19] 程开明,庄燕杰.城市体系位序-规模特征的空间计量分析[J].地理科学,2012,(8):905-912.

[20] 曹迎春,张玉坤.河北省城市体系规模结构及异速生长关系研究[J].干旱区资源与环境,2015,(1):13-18.

[21] 崔许锋.民族地区的人口城镇化与土地城镇化:非均衡性与空间异质性[J].中国人口·资源与环境,2014,(8):63-72.

[22] 丛茂昆,张明斗.内生型城镇化:新型城镇化的模式选择[J].南京农业大学学报,2016,(3):30-36.

[23] 傅建春,李钢.基于分形理论的徐州市城镇体系规模结构及空间分布研究[J].干旱区资源与环境,2015,(10):25-30.

[24] 傅建春,李钢.中国城市人口与建成区土地面积异速生长关系分析:基于652个设市城市的实证研究[J].中国土地科学,2015,29(2):46-53.

[25] 范胜龙,张莉.不同经济发展水平地区开发区土地集约利用的影响因素研究[J].中国土地科学,2017,(6):51-58.

[26] 冯健,周一星.中国城市内部空间结构研究进展与展望[J].地理科学进展,2003,(3):304-315.

[27] 冯云廷.城市经济学[M].大连:东北财经大学出版社,2011.

[28] 冯云廷.区域经济学[M].大连:东北财经大学出版社,2013.

[29] 冯云廷,张永芳.城市人地规模结构演变及异速生长关系比较研究[J].江西财经大学学报,2018,(6):23-31.

[30] 古杰,陈忠暖.中国中部六省城乡人口异速生长过程分析[J].云南地理环境研究,2010,(4):13-19.

[31] 郭施宏,王富喜.山东半岛人口城市化与土地城市化时空耦合协调关系研究[J].经济地理,2014,(3):72-78.

[32] 何微微,胡小平.非经济预期因素对农村劳动力转移的影响[J].农业技术经济,2017,(4):4-15.

[33] 郝柏林.分形与分维[J].科学,1986,(1):9-17.

[34] 黄杰,闫庆武.基于DMSP与土地利用的江苏省人口数据空间化研究[J].长江流域资源与环境,2015,(5):735-741.

[35] 黄洁,咅涛,张国钦,等.中国三大城市群城市化动态特征对比[J].中国人口·资源与环境,2014,(7):37-44.

[36] 李永乐.城市化与城市土地利用结构的相关研究[J].中国人口·资源与环境,2013,(4):104-110.

[37] 李建伟,刘科伟.城市空间扩张转型与新区形成时机[J].城市规划,2015,(4):60-64.

[38] 李秀玲.东北三省城市人口-城区面积的异速生长关系分析[J].东北师大学报(自然科学版),2017,49(1):134-139.

[39] 李秀玲,李诚固.基于分形理论的吉林省城市体系空间结构特征研究[J].东北师大学报(自然科学版),2009,(4):145-148.

[40] 李袁园.中国省际人口迁移和区域经济发展研究:基于"六普"数据分析[D].吉林:吉林大学,2013.

[41] 李隆伟,郭沛.中国土地市场化水平及其影响因素研究[J].北京理工大学学报,2015,(4):73-79.

[42] 李红娟.基于紧凑城市发展的土地利用政策研究[D].山东:山东大学,2017.

[43] 李斌.基于位序—规模法则与分形理论的重庆市城镇体系结构测度及其优化[J].资源开发与市场,2014,(2):167-169,216.

[44] 李后强,艾南山.具有黄金分割特征和分形性质的市场网络[J].经济地理,1992,(4):1-5.

[45] 伊利,莫尔豪斯.分形城市系统:土地经济学原理[M].腾维藻,译.北京:商务印书馆,1982.

[46] 鲁骏峰,李豫新.新疆城市经济发展中人口与用地关系研究:基于异速生长模型的分析[J].地域研究与开发,2013,32(6):121-125.

[47] 陆华,朱晓华.分形理论及其在城市地理学中的应用和展望[J].南京师大学报,1999,(2):106-112.

[48] 陆大道.区位论及区域研究方法[M].北京:科学出版社,1991.

[49] 雷广海,刘友兆.江苏省13城市土地利用集约度[J].长江流域资源与环境,2009,(1):7-13.

[50] 刘继生,陈彦光.Davis规律与Beckmann模型的数理等价性[J].经济地理,2001,(2):231-234.

[51] 刘继生,陈彦光.城市地理分形研究的回归与前瞻[J].地理科学,2000,(2):166-171.

[52] 刘继生,陈彦光.人口城镇化滞后于土地城镇化之谜:来自中国省际面板数据的解释[J].中国人口·资源与环境,2013,(11):94-101.

[53] 刘继生,陈彦光.山东省城市人口-城区面积的异速生长特征探讨[J].地理科学,2005,25(2):135-141.

[54] 刘继生,陈彦光.城镇体系等级结构的分形维数及测算方法[J].地理研究,1998,(1):82-89.

[55] 刘继生,陈彦光.城市密度分布与异速生长定律的空间复杂性探讨[J].东北师大学报(自然科学版),2004,(4):139-148.

[56] 刘继生,陈彦光.基于Beckmann模型的城镇化水平公式及其理论探讨[J].东北师大学报(自然科学版),2000,(3):78-83.

[57] 刘大均,谢双玉.基于分形理论的区域旅游景区系统空间结构演化模式研究[J].经济地理,2013,(4):155-160.

[58] 刘春艳,白永平.兰州—西宁城市区域空间结构优化重构研究[J].干旱区资源与环境,2008,(4):22-27.

[59] 梁保国.负幂律与分形结构[J].沈阳工业大学学报,1996,(2):74-

77.

[60] 梁进社.城市用地与人口的异速增长和相关经验研究[J].地理科学,2002,(6):649-654.

[61] 马贤磊,周琳.城市土地可持续集约利用的时空特征及影响因素研究[J].中国土地科学,2014,(12):33-38.

[62] 戚伟,刘盛和.东北三省人口流失的测算及演化格局研究[J].地理研究,2017,(12):1795-1804.

[63] 齐少华,张学雷.中国中、东部典型城市化过程中的土地利用变化对比研究[J].测绘与空间地理信息,2012,(12):69-73.

[64] 丘金峰.房地产辞典[M].北京:法律出版社,1992.

[65] 孙在宏,袁源.基于分形理论的江苏省城市规模分布与异速生长特征[J].地理研究,2011,(12):2163-2172.

[66] 石林.吉林省城市化效率及对策研究[D].吉林:吉林大学,2015.

[67] 沈威,周鹏超.基于时间序列的郑州市城市人口—面积异速生长特征及预测[J].城市发展战略,2017,(1):100-105.

[68] 任保平,王蓉.中国东部地区的经济增长质量评价[J].江苏社会科学,2011,(1):101-107.

[69] 陶志红.城市土地集约利用几个基本问题的探讨[J].中国土地科学,2000,(9):2-5.

[70] 谈明洪,吕昌河.以建成区面积表征的中国城市规模分布[J].地理学报,2003,(2):285-293.

[71] 田明.中国东部地区流动人口城市间横向迁移规律[J].地理研究,2013,(8):1486-1496.

[72] 吴金华,吴国栋.基于城市人口-城区面积异速生长关系的西安市城市化水平测算模型研究[J].国土资源科技管理,2008,(1):92-95.

[73] 吴一洲,吴次芳.经济地理学视角的城市土地经济密度影响因素及其效应[J].中国土地科学,2013,(1):26-33.

[74] 仵宗卿.帕累托公式重构及其城市体系演化[J].人文地理,2000,(1):15-19.

[75] 韦东,陈常优.影响城市土地集约利用的因素研究:以我国30个特

大城市为例[J].国土资源科技管理,2007,(15):12-16.

[76] 魏巍,李强.交通基础设施、产业聚集与经济增长:基于省级面板数据的经验研究[J].地域研究与开发,2014,33(2):46-50.

[77] 文贯中.吾民无地:城市化、土地制度与户籍制度的内在逻辑[M].北京:东方出版社,2014:21-37.

[78] 王钊,杨山.基于DMSP数据的江苏省城镇人口空间分异研究[J].长江流域资源与环境,2015,(12):2021-2019.

[79] 王成新,王波涛,王翔宇.基于结构视角的中国人口城市化与土地城市化异速增长研究[J].中国人口·资源与环境,2016,26(8):135-141.

[80] 王方红.中部崛起于区域经济发展新思维[J].经济问题探索,2006,(4):17-21.

[81] 王家庭,季凯文.中国城市土地集约利用的影响因素分析[J].经济地理,2009,(7):1172-1181.

[82] 王青,陈志刚.中国土地市场化进程的时空特征分析[J].资源科学,2007,(1):43-47.

[83] 王智勇.基础教育与人口集聚:基于地级面板数据的分析[J].人口与发展,2017,(6):14-25.

[84] 王群,王万茂.中国城市土地集约利用研究中的新观点和新方法[J].中国人口资源与环境,2017,(5):95-100.

[85] 王桂新.中国省际人口迁移与东部地带的经济发展:1995-2000[J].人口研究,2005,(1):19-28.

[86] 徐晓伟,刘澈元.长三角城市化与经济发展水平关系研究:基于东部主要城市的比较分析[J].现代城市研究,2012,27(11):56-60.

[87] 许娜.中国工资差异变动的分解[J].统计与信息论坛,2011,(9):61-67.

[88] 肖梦.城市微观宏观经济学[M].北京:人民出版社,1993.

[89] 斯密.国民财富的性质的原因的研究[M].杨敬年,译.陕西:陕西人民出版社,1995.

[90] 叶裕民,陈蛟.城市增长管理与集约更新潜力:人地关系的视角[J].土地利用,2015,(10):22-29.

[91] 朱志远,崔玮.城市土地集约利用测度及其空间溢出效应[J].华东经济管理,2017,(6):45-51.

[92] 赵祥.滞后还是失衡:我国城市化面临的主要问题与思考[J].江淮论坛,2014,(5):44-53.

[93] 周艳,黄贤金.长三角城市土地扩张与人口增长耦合态势及其驱动机制[J].地理研究,2016,(2):313-324.

[94] 周晓艳,韩丽媛.基于位序规模法则的我国城市用地规模分布变化研究[J].华中师范大学学报,2015,(1):132-139.

[95] 周一星.城市地理学[M].北京:商务印书馆,2011.

[96] 张彦龙.国内外区域空间结构研究综述[J].学术纵横,2015,(12):84-85.

[97] 张思彤.中国城市增长特征及影响因素的计量分析[D].吉林:吉林大学,2010.

[98] 张富刚,郝晋珉.中国城市土地利用集约度时空变异分析[J].中国土地科学,2005,(1):23-29.

[99] 张全景.我国土地用途管制制度的耕地保护绩效研究[D].南京:南京农业大学,2007.

[100] 张琳,许晶.中国城镇化进程中土地资源尾效的空间分异研究[J].中国土地科学,2014,(6):31-36.

[101] 张祺.中国人口迁移与区域经济发展差异研究:区域、城市与都市圈视角[D].上海:复旦大学,2008.

[102] ALLEN P M, SANGLIER M. A dynamic model of growth in a central place system[J]. Geographical Analysis, 1979,11:256-272.

[103] ALLEN P M, SANGLIER M. Urban evolution:self-organization and decision-making[J]. Environment & Planning A, 1981,13:167-183.

[104] ALLEN P M. Self-organization in the urban system[M]// SCHIEVE W C, ALLEN P M. Self-Organization and Dissipative Structures:Applications in the Physical and Social Sciences. Austin:University of Texas Press, 1982:132-158.

[105] ALLEN P M. Cities and Regions as Self-Organizing Systems:Models

of Complexity[M]. Amsterdam:Gordon and Breach Science Pub,1997.

[106] ANASTASSIADIS A. New derivations of the rank-size rule using entropy-maximising methods[J]. Environment & Planning B: Planning & Design, 1986,13: 319-334.

[107] ARSANJANI J J, HELBICH M. Spatiotemporal simulation of urban growth patterns using agent-based modeling: The case of Tehran[J]. Cities, 2013,(32): 33 - 42.

[108] BATTY M, LONGLEY P. Fractal Cities: A Geometry of Form and Function[M]. London: Academic Press,1994.

[109] BENGUIGUI L,DAOUD M. Is the suburban railway system a fractal[J]. Geographical Analysis,1991,(23):362-368.

[110] BANKS R B. Growth and Diffusion Phenomena: Mathematial Frameworks and Applications[M]. Berlin Heidelberg: Springer-Verlag,1994.

[111] BARBERA P L, ROSSO R. On the fractal dimension of stream networks[J]. Water Resources Research, 1989,25(4):735-741.

[112] BARNSLEY M F. Fractal Everywhere[M]. San Diego, CA: Academic Press,1988.

[113] BATTY M. Spatial Entropy[J]. Geographical Analysis, 1974, 6: 1-31.

[114] BATTY M. Generating urban forms from diffusive growth[J]. Environment & Planning A, 1991,23:511-544.

[115] BATTY M, LONGLEY P. Fractal Cities: A Geometry of Form and Function[J]. London: Academic Press,1994.

[116] BATTY M. Fractals: New ways of looking at cities[J]. Nature, 1995: 377-574.

[117] BATTY M. Editorial: Less is more, more is different: complexity, morphology, cities, and emergence[J]. Environment & Planning B: Planning & Design,2000, 27: 167-168.

[118] BERRY B J L. City size distributions and economic development[J]. Economic Development and Cultural Change, 1961, 9: 573-588.

[119] BERENTSON W, NIJKAMP P. Nonlinear dynamic modeling of spatial interactions[J]. Environment & Planning B: Planning & Design, 1988, 15(4): 433-446.

[120] BOSSOMAIER T, GREEN D. Patterns in the Sand: Computers, Complexity and Life[M]. Massachusetts: Perseus Books, 1998.

[121] BUCHANAN M. Nexus: Small Worlds and the Groundbreaking Science of Networks[M]. New York: Norton, 2002.

[122] BURGESS E W. The growth of the city[M]//PARK R E, BURGESS E W, MCKENZIE R D. The City. McKenzie Chicago: University of Chicago Press, 1925:47-62.

[123] CARROLL G R. National city-size distribution: what do we know after 67 years of research?[J]. Progress in Human Geography, 1982, 6(1): 1-43.

[124] CHRISTALLER W. Central Places in Southern Germany[M]. Translated by Baskin C W. Englewood Cliffs, N J: Prentice Hall, 1966.

[125] CLARK C. Urban population densities[J]. Journal of Royal Statistical Society, 1951, 114: 490-496.

[126] COFFEY W J. Geography: Towards a General Spatial Systems Approach[M]. London: Methuen, 1981: 95.

[127] COLE K C. The Universe and the Teacup: The Mathematics of Truth and Beauty[M]. New York: Harcourt Brace & Company, 1999.

[128] COLWELL P F. Central place theory and the simple economic foundations of the gravity model[J]. Journal of Regional Science, 1982, 22(4): 541-546.

[129] CONGDON P. A Bayesian approach to prediction using the gravity model, with an application to patient flow modeling[J]. Geographical Analysis, 2000, 32(3): 205-224.

[130] CRAMER F. Chaos and order: the complex structure of living systems[M]. Translated by Loewus D I. New York: VCH Publishers, 1993.

[131] DANTZIG G B, SAATY T L. Compact City: A Plan for a Livable Urban Environment[M]. San Francisco, CA: W. H. Freeman and Company, 1973.

[132] DAVIS K. World urbanization: 1950-70[M]//BOURNE L S, SIMONS

J W. Systems of Cities. New York: Oxford University Press, 1978:92-100.

[133] DENDRINOS D S, MULLALLY H. Urban Evolution: Studies in the Mathematical Ecology of Cities[M]. NewYork: Oxford University Press,1985.

[134] FEDER J. Fractals[M]. New York: Plenum Press, 1988.

[135] FIK T J, MULLIGAN G F. Foundational form and spatial interaction models[J]. Environment and Planning A, 1998,30: 1497-1507.

[136] GOLDENFELD N, KADANOFF L P. Simple lessons from complexity [J]. Science, 1999, 284(2): 87-89.

[137] GOLES E, MARTíNEZ S. Cellular Automata and Complex Systems [M]. Dordrecht: Kluwer Academic Publishers,1999.

[138] GOULD S J. Allometry and size in ontogeny and phylogeny[J]. Biological Reviews, 1966,41: 587-640.

[139] GOODCHILD M F, MARK D M. The fractal nature of geographical phenomena[J]. Annals of Association of American Geographers, 1987,77(2): 265-278.

[140] GROSS D J. The role of symmetry in fundamental physics[J]. Proceedings of the National Academy of Sciences, 1996,93: 14256-14259.

[141] HAAG G. The rank-size distribution of settlements as a dynamic multifractal phenomenon[J]. Chaos, Solitons and Fractals, 1994,4: 519-534.

[142] HAGSTROM J N, ABRAMS R A. Characterizing Braess's Paradox for Traffic Networks[J]. Proceedings of IEEE, Conference on Intelligent Transportation Systems, 2001:837-842.

[143] HAKEN H. A synergetic approach to the self-organization of cities and settlements [J]. Environment & Planning B: Planning & Design, 1995, 22(1): 35-46.

[144] HAKEN H, PORTUGALI J. The face of the city is its information [J]. Journal of Environmental Psychology,2003, 23(4): 385-408.

[145] HAMMING R W. Numerical Methods for Scientists and Engineers [M]// VAN DER LEEUW S,MCGLADE J. Time, Process and Structured Transformation in Archaeology. London and New York: Routledge, 1997:57.

[146] HARRIS C, ULLMAN E. The nature of cities[J]. Annals of the American Academy of Political Science, 1945,242:7-17.

[147] HARRIS B. A note on the probability of interaction at a distance[J]. Journal of Regional Science, 1964,5(2):31-35.

[148] HARVEY D. Explanation in Geography[M]. London: Edward Arnold Ltd,1971.

[149] HAYNES K E, FOTHERINGHAM A S. Gravity and spatial interaction models[M]. Newbury Park, CA: Sage,1984.

[150] HELBING D, KELTSCH J, MOLNAR P. Modelling the evolution of human trail systems[J]. Nature, 1997,388: 47-50.

[151] HENRY J. The Scientific Revolution and the Origins of Modern Science[M]. 2nd ed. New York:Palgrave, 2002:14-53.

[152] HOFFMAN P. The Man Who Loved only Numbers: The Story of Paul Erdos and the Search for Mathematical Truth[M]. New York: Hyperion,1998.

[153] HORGAN J. From Complexity to Perplexity[J]. Scientific American, 1995,272: 74-79.

[154] HORTON R E. Erosional development of streams and their drainage basins: Hydrophysical approach to quantitative morphology[J]. Bulletin of the Geophysical Society of America, 1945,56: 275-370.

[155] HOYT H. The Structure and Growth of Residential Neighbourhoods in American Cities[M]. Washington DC: Federal Housing Administration,1939.

[156] HUGGETT R J. Earth Surface Systems[M]. Berlin and NewYork: Springer-Verlag,1985.

[157] HURST M E E. Geography has neither existence nor future[M]// JOHNSTON R J. The Future of Geography. London: Methuen, 1985: 59-91.

[158] JONES H R. Population Geography[M]. NewYork: The Guilford Press,1990.

[159] IVERSEN G R, GERGEN M. Statistics: The conceptual approach[M]. New York: Springer-Verlag,1997.

[160] JAMES P E, MARTIN G J. All Possible Worlds: A History of Geo-

graphical Ideas [M]. 2nd ed. NewYork: John Wiley & Sons,1981.

[161] JAYET H. Spatial search processes and spatial interaction: 2. polarization, concentration, and spatial search equilibrium[J]. Environment & Planning A, 1990,22: 719-732.

[162] JEFFERSON M. The law of the primate city[J]. Geographical Review, 1939,29: 226-232.

[163] JENSEN H J. Self-Organized Criticality: Emergent Complex Behavior in Physical and Biological Systems[M]. Cambridge and New York: Cambridge University Press,1998.

[164] JOHNSTON R J. The Future of Geography[M]. London: Methuen, 1985.

[165] KARMESHU. Demographic models of urbanization[J]. Environment & Planning B: Planning & Design, 1988,15(1): 47-54.

[166] KAUFFMAN S. The Origin of Order: self-organization and selection in evolution[M]. New York: Oxford University Press,1993.

[167] KAUFFMAN S. At home in the universe: the search for laws of self-organization and complexity[M]. NewYork: Oxford University Press ,1995.

[168] KAYE B H. A Random Walk through Fractal Dimensions[M]. New York: VCH Publishers,1989.

[169] KEARSLEY G. Teaching urban geography: the Burgess model[J]. New Zealand Journal of Geography, 1983,12:10-13.

[170] KNOX P L. Urbanization: An Introduction to Urban Geography[M]. Upper Saddle River, N J: Prentice Hall,1994.

[171] KNOX P L, Marston S A. Places and Regions in Global Context: Human Geography[M]. Upper Saddle River, N J: Prentice Hall,1998.

[172] KOCH C, LAURENT G. Complexity and the nervous system[J]. Science, 1999,284(2): 96-98.

[173] LEDERMAN L M, TERESI D. The God Particle: If the Universe is the Answer, What is the Question? [M] London/New York: Bantam Press,1993.

[174] LEE Y. A stochastic model of the geometric patterns of urban settle-

ments and urban spheres of influence: a clumping model[J]. Geographical Analysis, 1972, 4(1): 51-64.

[175] LEE Y. An allmetric analysis of the US urban system: 1960-80[J]. Environment and Planning A, 1989, 21: 463-476.

[176] LEE T D. Symmetries, Asymmetries, and the World of Particles [M]. Seattle and London: University of Washington Press, 1988.

[177] LO C P, WELCH R. Chinese urban population estimates[J]. Annals of the Association of American Geographers, 1977, 67: 246-253.

[178] LONGLEY P, MESEV V. Beyond analogue models: space filling and density measurements of an urban settlement[J]. Papers in Regional Sciences, 1997, 76: 409-427.

[179] LONGLEY P A, BROOKS S M, MCDONNELL R, et al. Geocomputation: A Primer[M]. Chichester, Sussex: John Wiley, 1998.

[180] MADDEN C H. On some indications of stability in the growth of cities in the United States[J]. Economic Development and Culture Change, 1956, 4: 236-252.

[181] MAIER G. Modelling search processes in space[J]. Papers in Regional Science, 1991, 70: 133-147.

[182] MAIER G. The spatial search problems: structure and complexity [J]. Geographical Analysis, 1993, 25(3): 242-251.

[183] MAKSE H, HAVLIN S, STANLEY H E. Modelling urban growth patterns[J]. Nature, 1995, 377: 608-612.

[184] MANDELBROT B B. How long is the coast of Britain? Statistical self-similarity and fractional dimension [J]. Science, 1967, 156(1): 636-638.

[185] WHITE R, ENGELEN G, ULJEE I. The use of constrained cellular automata for high-resolution modeling of urban-land dynamics[J]. Environment and Planning B: Planning and Design, 1997, 24: 323-343.

[186] WHITE R, ENGELEN G. Cellular automata and fractal urban form: a cellular modeling approach to the evolution of urban land-use patterns[J]. Environment & Planning A, 1993, 25: 1175-1199.

后　记

读博几载，今日提笔，感慨万千。

读博先始，不敢、不愿浪费每分每秒。面对专著，无从下手，迷茫甚甚。然又知笨鸟需先飞，材拙当勤奋。于是终日待于图书馆，饱读列典、多通文献，全力以赴，无怨无悔。

天道酬勤、持之以恒，唯盼吾可早日得道、修成正果。更有幸，老师上心甚甚，学生更是感动融心，更需努力倍之，以报师恩。终经几年打磨，对论文所悟、所想、所思可行于文，并见于纸，且成于章。然将之呈于先生，心里却又诚惶诚恐、忐忑不安，唯恐文章水平有限、书写无法，先生责之。然，每每此时，先生总能抛砖引玉、点拨教导，使学生茅塞顿开、醍醐灌顶。文章从选题到定题、从初稿到定稿、从定稿到预答辩无不凝聚先生之心血。

冯云廷先生德高品正，学生无论在学术还是在人生道路上均受益匪浅。学术上，先生对专业见解高屋建瓴、炉火纯青，每每与先生请教知识，总能深感先生学识渊博、通今博古；做人上，先生与世无争、和蔼可亲，使学生切身领略大家风范；生活上，面对学生至亲突然离世，先生解劝开导，使学生感激至深。

玉不琢不成器，钢不练不至材。千锤百炼，百雕万琢，才能让自己在学术道路上不断提升，学有所成。先生的为人处世之道正是匡正学生行为规范之铭。

世事万象皆有律，依律行事者，方可事半功倍。然门外汉者多惑于此，若诚心入门，则需静气凝神、勤学苦练，假以时日，其律自现。此时，擒律办事善矣。

师恩浩荡,父母恩深,爱人鼎力,儿子识体。百语千言,唯有全力以赴、砥砺前行,早修正果,以报亲恩!

张永芳

2019 年 3 月 21 日于东财图书馆